U0877912

亲子一字经

——陪伴孩子成长的30个细节

刘秀英　著

创于1897 商務印書館 The Commercial Press

2014年·北京

图书在版编目(CIP)数据

亲子一字经:陪伴孩子成长的30个细节/刘秀英著.—北京:商务印书馆,2014
ISBN 978-7-100-10779-2

Ⅰ.①亲… Ⅱ.①刘… Ⅲ.①家庭教育 Ⅳ.①G78

中国版本图书馆CIP数据核字(2014)第234730号

亲子一字经
——陪伴孩子成长的30个细节
刘秀英 著

商 务 印 书 馆 出 版
(北京王府井大街36号 邮政编码100710)
商 务 印 书 馆 发 行
广西大华印刷有限公司印刷
ISBN 978-7-100-10779-2

2014年11月第1版 开本787×1092 1/16
2014年11月广西第1次印刷 印张17½
定价:38.00元

我不是明星，也不是美女。配发这些照片，一是为了让读者轻松一些；二是对我这本书文字部分的一个补充，用图述说我关于家庭教育的一些想法。

这是一次采访后的合影。我与我的领导孙云晓（右一）及同事弓立新（左一）采访陈云的夫人于若木（右二）。她是一位营养学家。没见到她的时候，心中带着隐隐的不安：如此身分的人我该怎么与她交流呢？初见一个陌生人，尤其是一个大人物，怯怯的表现应当是可以理解的吧？孩子也是这样在一次次克服“怯怯”中得到成长的吧？

我生于农村，从小害怕马。每当妈妈让我牵着驭东西的马时，心中都充满了恐惧。但是每每面对一脸哭相的我，大人给予的往往是不屑与斥责：它又不咬你，有什么可怕的！我也不明白我为什么会怕，但是我就是怕。您的孩子也一定有过这样不被理解的时候。

这张照片拍摄的人物很乱是不是？但是我的思路是清晰的。照片的拍摄地是南非的一个酒庄。那日阳光灿烂，在路上忽然听到婴孩的笑声，望过去就看到了这个孩子。乍一看，觉得他的父母真的有些过分——孩子坐在地上，地上是湿的，虽然有些草，但是也裸露着泥土，所以孩子的嘴就抹上了一些泥，也许已经吃到了肚子里。但是又觉得这样的画面很和谐：孩子是快乐的，母亲的神情充满温柔。

自 序 做80分父母也是件幸福的事

做父母本应当是一件幸福的事：幸福于孩子的成长，幸福于亲子之间亲密关系的感受，幸福于孩子成长的同时父母自身也不断得到完善……

可是，我的工作让我看到越来越多的父母因为孩子被焦虑情绪包围着。

我服务于家庭教育领域已经15年。其间不管是做编辑工作、课题研究工作，还是做热线咨询顾问、开办讲座，都没有离开家庭教育这个主题。可是这类工作做的时间越长，越觉得做父母实在是一件努力无边的事：越来越多的家庭教育的成功案例出现在父母的视野里，越来越多的教育理念萦绕于父母的耳边。选择太多，让父母变得无所适从，越来越不知道应当如何做才不会因为父母的不称职而贻误孩子的一生……焦虑情绪由此而生。

当面对蹙着眉头的父母时，当在电话中听到父母痛苦诉说孩子与自己的紧张关系时，当邻居家的母亲声嘶力竭批评孩子的声音传入我耳朵时，我在想：如果父母感受不到做父母的幸福，如果焦虑充盈在亲子之间，孩子怎么能感受到幸福？父母对孩子的教育怎么能入耳入心？

要享受这份为人父母的幸福，做80分的父母是个出路。

80分的父母不追求完美。追求完美一般人听起来是个好词，是有追求的人追求的。但是如果在父母这个角色上追求完美，结果就会是不完美，因为完美是不可求的，凡事“没有最好，只有更好”，任何事情都很难达到完美的状态。何况教育是人与人的互动，是成年人与处于不断发展中的孩子的互动？即使职业是教育研究者的父母，也不可能凡事都做得正确，也会发现大家公认的有效的教子方法用在自己的孩子身上不一定灵。

80分的父母给自己留有成长的空间。因为不要求自己凡事都做得到、凡事都做得正确，所以80分的父母允许自己犯错误。于是，父母就不会在教育子女这个问题上焦虑，不会为自己对孩子说话的声音高了一度就忧虑会不会对孩子的心理构成伤害，不会为没有送孩子上最好的小学感到愧疚，不会见到别人家的父母为孩子做了什么而自己没有做就日日惶惶然。这样的父母主导的家庭才会有好的氛围，不会让家庭总是处于高压之下，稍有一点儿异样就会爆炸，让孩子与父母受伤。

80分的父母允许孩子犯错误。父母有意识地放松对自己的要求，也不会对自己的孩子提出过分的要求。与成年人不同，孩子是处于成长中的，每一次犯错对于孩子来说都可能是一个成长的机会。父母允许孩子犯错误也就给孩子留下了自我成长的空间。追求100分的父母会因为怕孩子做事不完美而对孩子的一切包办代替，从而剥夺了他们成长的机会；追求100分的父母面对犯错的孩子会疾言厉色，会夸大孩子犯错导致的后果，让孩子害怕的同时也吓到自己。

因此，80分的父母更有可能成为幸福的父母，而有幸福感的父母才有可能培养出幸福、健康的孩子。

这就是我写这本书的初衷。本书可以说是一本80分父母手册。书中提到的30个“一”，如果父母都做到了，在父母这个角色上就可以打80分。至于其余那20分是一个调整的空间，父母可以随着孩子的需要不断调整方法、速度。80分对于学生来说可能意味着是个中等生，但是对于父母来说，做80分的父母恰恰是为了造就一个全面发展的孩子。

目 录 亲子一字经 QINZI YI ZI JING

1

一张书桌意义非凡，您给孩子准备了吗

——保护孩子视力健康和培养良好坐姿的必要条件

不合适的书桌在不知不觉中损害着孩子的健康，是孩子健康的“隐形杀手”。

导致孩子厌学的罪魁祸首也许就是不合适的课桌椅。

专家认为普通的白炽灯最适合用于学习照明。

正确的读写姿势要求：头离桌子一尺，胸离桌子一拳，握笔时手离笔尖一寸。

如果家里有上学的孩子，一件必不可少的家具就是孩子的书桌。

有的父母觉得孩子总是在长个儿，没有必要给孩子准备专用的书桌，于是家里的茶几、饭桌、爸爸妈妈的书桌就都成了孩子写作业的地方。这样的解决方式是不正确的。给孩子准备一张合适的书桌不仅有助于养成良好的学习习惯，对于保护孩子的视力和培养良好的坐姿也有重要影响。

一张书桌意义非凡

1. 有助于孩子养成良好的学习习惯

给孩子准备一张书桌会让孩子学习时注意力更集中，有助于养成良好的学习习惯。人在做事的时候往往需要给自己一些心理暗示，就像法国作家大仲马写作不同体裁的作品时要用不同颜色的纸——诗要写在黄纸上，小说要写在蓝纸上，散文要写在玫瑰色的纸上，否则就无法下笔。让孩子每天按时坐到书桌前学习，这也是一种仪式。时间长了，孩子就会形成一种条件反射，坐到书桌前就会静下心来，很快进入学习的状态。

2. 不合适的书桌是孩子健康的“隐形杀手”

中小学生正处于生长发育期，不合适的书桌在不知不觉中损害着孩子的健康，是孩子健康的“隐形杀手”。

孩子学习时，如果书桌不合适，就会造成不良坐姿。这至少会带来以下三个方面的影响。

其一，脊柱弯曲变形，对骨骼、内脏器官等发育产生不良影响。

其二，视力下降。眼睛与桌面较为合理的距离是30厘米。如果距离过近，时间长了，自然就会影响孩子的视力。据北京大学医学部儿童青少年卫生研究所余小鸣教授介绍，引发孩子近视、脊柱侧弯的因素比较复杂，但书桌肯定对这两项病症有重要影响。

其三，学习效率降低。书桌高度不合适，孩子坐着就会不舒服，比如孩子用成年人的书桌，因为个子矮，为了能够得着桌子，只能坐到很高的凳子上，两脚悬空，会引起腿酸麻等症状，很容易破坏孩子的学习兴趣。父母可能想不到，导致孩子厌学的罪魁祸首也许就是不合适的课桌椅。

书桌的高度要与孩子的身高匹配

在给孩子购置书桌时，父母应当首先关注的是书桌和椅子的高度。

书桌高度与孩子身高匹配的标准是什么？我国最新的标准是由国家质量监督检验检疫总局批准，2003年1月1日开始实施的《学校课桌椅型号功能尺寸》（GB/T3976—2002）标准。该标准根据不同身高确定了10个型号的桌椅高度，各型号课桌椅桌面高度跨度为3厘米，其中最低为49厘米（小学低年级），最高为76厘米（高中）。假如一个学生身高为130厘米，桌面高应选择55—58厘米、座面高应选择30—32厘米为宜（表一、表二）。

表一　儿童桌椅各型号的标准身高、身高范围（cm）

桌椅型号	桌面高	座面高	标准身高	儿童身高范围
幼 1 号	52	29	120.0	113—
幼 2 号	49	27	112.5	105—119
幼 3 号	46	25	105.0	98—112
幼 4 号	43	23	97.5	90—104
幼 5 号	40	21	90.0	83—97
幼 6 号	37	19	82.5	75—89

表二　中小学校课桌椅的尺寸（cm）

课桌椅型号	桌面高	座面高	标准身高	学生身高范围
1 号	76	44	180.0	173—
2 号	73	42	172.5	165—179
3 号	70	40	165.0	158—172
4 号	67	38	157.5	150—164
5 号	64	36	150.0	143—157
6 号	61	34	142.5	135—149
7 号	58	32	135.0	128—142
8 号	55	30	127.5	120—134
9 号	52	29	120.0	113—127
10 号	49	27	112.5	—119

这个标准是为学校制定的，家庭可以针对孩子不同时期的身高，按照相应的桌椅尺寸标准给孩子准备学习桌椅。

对于一般家庭来说，孩子的身高在不断增长，如果频繁地给孩子更换桌椅，经济上会是一个不小的负担，也是一种浪费。可以给孩子购买高度可调节的桌椅，或者通过给桌椅加“增高垫”的方法解决。

书桌上不要摆放太多的物品

孩子的书桌是学习的地方，所以上面摆些什么东西父母要干预。

首先，书桌上不要摆放玩具等与学习无关的东西，否则孩子学习时容易分心。如果孩子想摆放一些自己喜欢的小饰品，可以放在学习时不容易看到的地方。

其次，书桌上不要摆放太多的东西。有些孩子习惯把很多书都堆在桌子上。这种做法一方面会使孩子学习的空间越来越小，导致坐姿走形；另一方面也容易分散注意力，学习时可能一会儿翻翻这本书，一会儿又想看看那科的题，学习目标不清晰。父母要让孩子养成及时整理书桌的习惯，一门功课做完了就要把那门功课的书和作业本收起来。

第三，书桌上摆放的物品要讲究健康、安全。排插不要放在桌面或孩子容易碰到的地方，以免发生危险。

孩子用眼的时间长了，眼睛容易干涩。桌上可以放一盆水养植物，这样既能让小环境湿度加大，也能让孩子抬眼休息的时候看到绿色，有利于保护孩子的视力。

桌子上要有一盏合适的台灯

不要以为房间里的灯已经很亮了就可以不给孩子准备台灯。孩子学习时需要近光源，书桌上不能缺少台灯。

医学研究表明：5—16 岁的孩子眼睛发育尚未定型，是视力保护的关键期。据相关统计资料显示，中国青少年平均每天使用台灯的时间为 2—5 小时的比例高达 79%。在孩子一生十多年的学习生涯中，与台灯累计亲密接触达上万小时。那么，怎样才能为孩子选择一盏合适的台灯？在使用台灯的过程中又应该注意些什么呢？

灯光。要选择淡黄色光线的台灯，不要买偏蓝白光线的台灯。经科学验证，蓝白色灯光对人眼有一定的损害，而淡黄色灯光则适合读写照明。

光源要稳定，无频闪，光线柔和，显色度高，足够照度。目前，家庭中常见的台灯主要分为白炽灯、荧光灯、高频护眼灯等几种。由于这些台灯中多数都采用 220 伏的交流电源，光线会随着交流电源的周期性变化而产生频闪现象。长期在频闪的灯光下学习，眼睛睫状肌会不停地随着频闪放大、缩小，增加眼睛的疲劳度。在这样的灯光下学习，往往一个学期下来，孩子就会发生视力下降、假性近视，甚至真性近视。LED 灯是一种新产品，价格高，还没有数据显示适合用于学习照明。专家认为普通的白炽灯最适合用于学习照明。

显色性好是选择台灯的重要要求。如果灯光的显色性差，被照物很难还原本来的颜色。如何检查显色性呢？一个最简单的方法就是把手掌放在灯光下，如果手掌呈现鲜艳的血红色，则台灯的显色性好。

亮度。给孩子选择的台灯不能太亮。一般来说，荧光灯的功率在 9—18W 之间就可以满足读写照明的桌面照度要求。灯光与周围环境的亮度不宜相差太大，否则对孩子的视力也不好。如果在孩子学习的时候家里不想打开房间的灯，台灯的亮度就要相应地降低一些。台灯的灯泡如果使用的时间过久，出现闪烁或照度降低，就必须及时更换。

位置。孩子阅读写字时，台灯要放在写字的手一侧的斜前方，以免写字的手挡住光线，形成阴影。在使用台灯时一定要注意把台灯的灯头调整到比孩子的眼睛略高一些的位置，这样可以避免光线直接从桌面反射后照过来，对孩子的眼部造成较强的刺激乃至伤害。

书桌不宜对窗摆放

孩子的书桌对着窗口摆放，一方面，容易导致孩子学习时注意力不集中，可能会在写作业时对着一片云彩发呆，或是被一只飞过的小鸟吸引；另一方面，书桌受自然光线影响比较大，而光线太亮或太暗都对孩子的视力不利。书桌如果靠墙放置，孩子在学习时面对的就是墙壁，有利于孩子专心学习。

正确的读写姿势

不正确的坐姿容易使颈椎受损。很多孩子养成了把书本、纸张斜放的习惯，导致读写的时候“斜读”和“斜写”，头也就自然而然地偏斜。长此以往，不仅颈部肌肉易劳损，还会加速颈椎、腰椎间盘损伤，影响孩子健康成长。

一份针对北京市 30 所中小学 6000 名学生进行的“中国青少年形体健康检测标准化与干预”课题调查显示：中小学生的坐、站、走姿势正确率均不乐观，其中写字姿势和坐姿尤为突出。

“写字姿势不正确必然导致坐姿不正确。”课题组组长、北京市体育科学研究所副研究员潘启强在调查中发现，相当一部分学生的执笔方法有问题。“孩子们总是用手指头死死捏住笔的下端，书写时看不到所写的字，只能歪着头、扭着身子。时间久了，写字姿势、坐姿、胸廓发育甚至视力都会受到影响。”这是由于孩子在幼儿时期过早地执笔写字造成的。幼儿时期，孩子手上的小肌群发育尚未完全。如果硬让他们写字，他们就只能使劲握住笔往纸上摁。

如果孩子已经有了这样的问题，父母应当如何纠正呢？

父母要了解正确的读写姿势，从思想上重视这件事，不要觉得这是一件可管可不管的事。

良好的坐姿应该满足下列条件：上半身与地面垂直，腰部不要弯曲。腰越是弯曲，给腰部造成的压力就越大，腰椎受损就越严重。大腿应该接近水平放置，向上、向下倾斜都不合适，因为座位如果太高或太低，长时间坐着肌肉就会疲劳，筋骨关节也处于受压状态。坐着的时候，以脚板能够着地面平放为好。让孩子在坐姿上尽可能保持自然地端坐，头部略微前倾，保持头、颈、胸的正常生理曲线。

中国古人推崇的“正襟危坐”是非常有道理的。父母从孩子一开始读书写字时就要让孩子保持正确的姿势。这个姿势的要求很好记，就是三个“一”：头离桌子一尺，胸离桌子一拳，握笔时手离笔尖一寸。

北京市西城区裕中小学是“中国青少年形体健康检测标准化与干预”课题的实验学校。为了改善学生的形体健康，课题组在裕中小学推行每天“三个 10 分钟”，即每节课以正确的坐姿坐 10 分钟、课间操以正确的站姿站 10 分钟、下课后快走 10 分钟。经过一个学期的练习矫正，学生的身体姿态有了明显改观。

所以，如果孩子在读写姿势上有问题，父母可以拿出一些时间专门让孩子练习。

小测试

如果您的孩子身高 130cm，孩子的书桌应当高 ________ cm，椅子的座面高 ________ cm。

拿尺子量一量孩子的桌椅高度，看看是否符合标准。

2

给孩子一个书架，让孩子爱上阅读

——读书习惯让人受益终生

一个小小的书架，在孩子的成长过程中，作用绝对抵得过10个优秀教师。

家庭的藏书量与孩子学习成绩的高低成正比。

给孩子买书要尊重孩子的意见。由父母做主给孩子买回来希望孩子读的书不能培养孩子的阅读习惯。

每天课外读一篇千字文，一年之内，阅读量可达36万字。

怎么培养孩子与书的感情呢？俗话说，“日久生情”。美国著名诗人沃尔特·惠特曼说：“一个孩子向前走去，他看见最初的东西，他就变成了那个东西，那个东西就变成了他的一部分。”所以，想要让孩子爱读书，就应让孩子与书多接触。

遗传、环境、教育是影响孩子成为一个什么样的人的主要因素。在生活中，父母往往走入了一个误区——只重视教育，忽略遗传、环境对于孩子能力发展的影响。家庭环境是孩子重要的成长环境，它不仅指给孩子提供了多大的学习空间，还包括家庭氛围、文化环境，其中家庭是否有藏书、家人是否有读书习惯对孩子的成长影响巨大。

美国内华达大学社会学家玛丽亚·埃文斯与加利福尼亚大学洛杉矶分校、澳大利亚国立大学的研究人员合作开展的一项调查发现，家庭藏书多少对孩子受教育程度产生重要影响。他们从 27 个国家和地区约 7.3 万人处搜集资料。结果显示，家庭藏书 500 本可以让孩子的平均受教育时间延长 3.2 年。也就是说，如果两个家庭的其他条件都一样，成长于只有 1 本藏书家庭的孩子平均学历是初中毕业，成长于拥有 500 本藏书家庭的孩子平均学历至少是高中毕业。写下了众多童话的格林也说："人生 14 岁以前所阅读的东西会远远比以后的学习重要得多。"

阅读的力量

1. 父亲的破书架是巴甫洛夫取得成功的起点

被人们誉为"生理学无冕之王"的巴甫洛夫的成才，是从一个破书架开始的。巴甫洛夫的父亲是个穷教士，却喜欢阅读非宗教神学内容的书刊。父亲的破书架成了巴甫洛夫接触社会与自然知识的起点。15 岁时，巴甫洛夫在父亲的旧书架上翻到了英国生理学家路易斯的一本著作——《日常生活的生理学》。这本书的内容激起了他对生理学的极大兴趣。从此，巴甫洛夫便和生理学结下了不解之缘。

2. 丘成桐：读历史书帮助他做学问

丘成桐是举世公认的数学大师。他之所以能取得如此巨大的学术成就，很大程度上得益于他几十年来持之以恒的读书生活。他喜欢看《红楼梦》《史记》《汉书》《左传》，对《史记》尤其着迷。他说："由于史家写实，气势磅礴，荡气回肠，使人感动……复杂而现实的历史和做学问有很多类似的地方。历史人物做的正确决断，往往能够指导学者选择问题的方向。"

3. 阅读让语文成绩遥遥领先

2008 年 4 月，一项针对湖北省一所小学的调查显示：学生的阅读习惯、阅读能力等都随着家庭藏书量的增加而上升，且差异非常显著。而阅读能力的提升直接影响孩子的语文成绩。家庭藏书量与学生学习成绩高低成正比。其中，在语文成绩优异的孩子中，家庭藏书一般达到 50 本以上，最多的高达 300 余本。

4. 阅读习惯让人受益终生

英国著名作家毛姆曾经说过："养成阅读的习惯等于为你自己筑起一个避难所，几乎可以避开生命中所有的灾难。我说'几乎'，因为我不能强辩说阅读可以缓和饥饿的痛苦与失恋的悲哀。但五六本精彩的侦探故事，再加上一个热水袋，却能使任何人不在乎最严重的感冒。"

给孩子一个书架

假如您的孩子特别喜欢读书，就说明他对知识有追求。这种追求是孩子学习的最大动力。

对于很多家庭来说，给孩子一个书房、一个图书馆可能会有难度，但是给孩子准备一个书架却是能够做到的。请父母千万不要小看这个书架，它在孩子的成长过程中绝对抵得过10个优秀教师。

1. 书架要简单实用

书架可以是各种样式的，大小也可以各异。最简单的可以用一个纸箱子做成，也可以是几个小的木箱子拼成。孩子的书逐渐增多时，可以把几个小木箱子拼在一起，组成一个小书柜。

可以使用槅子式的书架。这类书架的特点是空间比较大，适合放比较多的书。而且，孩子的书有时候是大开本的绘本，槅子式书架可以根据需要调整距离。如果家里的家具有配套的书架，或是父母的书房有书柜，也可以辟出一个最下面的槅子，专门放孩子的书。

值得一提的是，现在很多城市家庭的住房客厅都比较大，如果家里不是常常宾客盈门，客厅完全可以成为一间家庭活动室：靠墙放上书柜，书柜的底层可以给孩子用，中间放上阅读桌，摆上沙发，家里来了客人也可以坐着谈话，平常就是一家人聊天、看书的地方。

2. 书架要安全方便

书架要放在一个固定的位置，因为是孩子经常使用的，所以一定要考虑安全和方便。

书架不宜太高。理想的书架高度是让孩子不费力气就能够拿到自己要拿的书。书架如果比较高，一定要固定在墙上，以防孩子拿书的时候不小心把书架拽倒。如果给孩子配制的是书柜，安装的门最好是木门，不要用玻璃门，因为一旦玻璃掉下，很容易砸伤孩子。

不要把玩具和图书放到一起，以免孩子看书时分散注意力。

3. 培养孩子及时整理书架的习惯

父母要告诉孩子如何整理书架。书架上摆放的书，书脊要朝外。不要为了整齐好看而按照开本大小摆放图书。应当按照书的内容类别摆放，以方便查找。

孩子小的时候，父母可以和孩子一起整理书架，边整理边和孩子谈谈某本书的读后感，讨论一下还有哪本书需要买，让整理书架成为有趣的亲子游戏。

对于大一点的孩子，父母可以告诉他如何对图书进行分类。每个月或是半年要整理一次书架，看看哪些书自己已经不需要再读了，可以拿到学校的图书室存放，或是送给亲戚家的小朋友，还可以捐给贫困地区的小学生。在整理的过程中，如果发现有些书自己还没有好好读，或有再次阅读的兴趣，可以再拿出来读一读。

4. 给孩子其他的阅读资料

除图书之外，父母还应该在书架上放置一些其他的文字资料。这些资料可以是信件、账单，也可以是报纸、广告单。这些不同种类的阅读材料可以帮助孩子熟悉各种文体，了解文字的用途。另外，在阅读材料旁边要摆放一些纸和笔，方便孩子随时记下自己的想法、感受，读书的时候多动动笔也是一个好习惯。

5. 鼓励孩子使用父母的书架

一般来说，孩子的书与父母的书要分开放置，但应当鼓励孩子使用父母的书架。假如孩子发现父母书架上的某本书自己喜欢，父母可以把书“移交”给孩子，允许把书放到孩子的书架上。这也给父母提出了要求，自己的书孩子是能够看到的，该买一些什么样的书就要注意了。平时也要注意观察，看看孩子开始对父母书架上的哪些书感兴趣。如果想引导孩子的阅读兴趣，可以抓住孩子喜欢翻看父母书架的特点，把希望孩子看的书放到显眼的位置。

根据孩子的年龄特点购买图书

父母应该及时给孩子添加图书，不能让孩子的书架成为摆设。

买书时，父母一定要和孩子一起挑选，而不是自己做主买回来一些希望孩子读的书。这样的购买只是一种简单的消费行为，不能培养孩子的阅读习惯。

书籍的购买一定要形成规律，比如每个月孩子可以买几本书，在给孩子的零花钱中规定有些额度是留作买书用的。在节日或是孩子做了值得奖励的事情时，父母可以给孩子额外添加一些大部头的书，也可以满足孩子一个比较大的购书愿望。

1. 基本图书

基本的图书包括一些必备的书，比如《十万个为什么》《全唐诗》《千家诗》等；还要结合各年级阶段课本出现的名家作品的学习，准备各名家的作品集，比如《冰心作品集》《叶圣陶童话选》等；三是根据教师的指导充实书架。

小学低年级的孩子对图画书的需求强烈，可以给孩子多预备一些适龄的童话、神话和传说故事读物。除文学类书籍之外，知识类的读物也需要适度增加。

小学中年级段的孩子对图书已经出现特定类型的喜好，幽默故事、学校故事和奇幻冒险故事常是他们的最爱。这个时期，孩子的阅读兴趣受同伴的影响比较大，父母要尊重孩子的阅读选择，同时要适度引导孩子阅读文学经典著作。

小学高年级的孩子阅读的内容不再局限于童书。跨文化的神话故事、地图集都可以让孩子读。

给孩子买书的时候，书籍的适合读者年龄可稍大于孩子的实际年龄，这样可以不断激发孩子阅读的热情。

2. 让孩子读不同种类的书

有调查发现，父母最希望让孩子看的书是教学参考书和名人传记，而孩子最喜欢读科幻、探险和幽默类的作品。

孩子看的书应当是种类丰富的。著名的英国哲学家培根曾经说过："读史使人明智，读诗使人聪慧，演算使人精密，哲理使人深刻，伦理学使人有修养，逻辑修辞使人善辩。"可见，每种书对人的启发是不同的。对于小学生来说，文学类的书是必看的，也是大多数孩子喜欢看的。除文学作品之外，父母也要引导孩子看一些科普作品。中国青少年研究中心的研究发现，最适合中小学生的媒介内容是儿童文学和知识读物，而科普作品恰恰是文学与知识的结合。科普作品不仅能够满足孩子的好奇心，还能够激发孩子探索未知世界的兴趣和志向。

3. 引导孩子阅读经典著作

对于是否让儿童阅读经典著作曾经有过争议，但是不管怎么说，人的时间是有限的，如果用有限的时间读一些二流作品，无疑是对生命的浪费，而且还会影响孩子一生的阅读品位。至于读书的量，国家教育委员会原副主任柳斌说："每天课外读一篇千字文，应该是个基本的要求。如果能做到，则一年之内，可达到36万字，12年则可阅读430多万字。"

书架必备书目参考

2011年4月21日，由公益研究机构新阅读研究所组织专家研制的"中国小学生基础阅读书目"在国家图书馆发布。书目由儿童教育学、儿童心理学、儿童文学等多个领域的专家以及小学教师共同研制，参考了国内外近50个儿童文学奖项和100多种推荐书单，从数万种小学生能够阅读的各类图书中精选而出。该书目包含30本基础阅读书目和70本推荐阅读书目，按小学低、中、高学段，分别精选出文学、科学、人文类各若干本。您可以在给孩子购买图书的时候参考这个书单（表三、表四）。

表三　中国小学生 30 本基础阅读书目

<table>
<tr><th>学段</th><th>类别</th><th>书名</th><th>作者（译者）</th></tr>
<tr><td rowspan="10">小学低段（一至二年级，10 本）</td><td rowspan="6">文学</td><td>蝴蝶•豌豆花</td><td>金波 / 编，蔡皋等 / 画</td></tr>
<tr><td>稻草人</td><td>叶圣陶 / 著</td></tr>
<tr><td>没头脑和不高兴</td><td>任溶溶 / 著</td></tr>
<tr><td>小猪唏哩呼噜</td><td>孙幼军 / 著，裘兆明 / 图</td></tr>
<tr><td>猜猜我有多爱你</td><td>（爱尔兰）麦克布雷尼 / 著，（英国）婕朗 / 绘，梅子涵 / 译</td></tr>
<tr><td>不一样的卡梅拉（我想去看海）</td><td>（法国）约里波瓦 / 著，（法国）艾利施 / 绘，郑迪蔚 / 译</td></tr>
<tr><td rowspan="2">科学</td><td>第一次发现（濒临危机的动物）</td><td>法国伽利玛少儿出版社 / 编，（法国）雨果 / 绘，王文静 / 译</td></tr>
<tr><td>神奇校车（在人体中游览）</td><td>（美国）乔安娜•柯尔 / 著，（美国）布鲁斯•迪根 / 绘</td></tr>
<tr><td rowspan="2">人文</td><td>三字经•千字文•弟子规</td><td>周兴嗣、王应麟、李毓秀 / 著，罗容海、郝光明、王军丽 / 译注</td></tr>
<tr><td>中国神话故事</td><td>聂作平 / 编著</td></tr>
<tr><td rowspan="10">小学中段（三至四年级，10 本）</td><td rowspan="6">文学</td><td>千家诗</td><td>谢枋得、王相 / 编选，李乃龙 / 译注</td></tr>
<tr><td>三毛流浪记</td><td>张乐平 / 绘</td></tr>
<tr><td>宝葫芦的秘密</td><td>张天翼 / 著，丁午 / 图</td></tr>
<tr><td>安徒生童话</td><td>（丹麦）安徒生 / 著，叶君健 / 译</td></tr>
<tr><td>长袜子皮皮</td><td>（瑞典）林格伦 / 著，李之义 / 译</td></tr>
<tr><td>亲爱的汉修先生</td><td>（美国）贝芙莉•克莱瑞 / 著，柯倩华 / 译</td></tr>
<tr><td rowspan="2">科学</td><td>奇妙的数王国</td><td>李毓佩 / 著</td></tr>
<tr><td>让孩子着迷的 77×2 个经典科学游戏</td><td>（日本）后藤道夫 / 著，施雯黛、王蕴洁 / 译</td></tr>
<tr><td rowspan="2">人文</td><td>林汉达中国历史故事集</td><td>林汉达 / 著</td></tr>
<tr><td>书的故事</td><td>（苏联）伊林 / 著，胡愈之 / 译</td></tr>
</table>

续表

学段	类别	书名	作者（译者）
小学高段（五至六年级，10本）	文学	西游记	吴承恩 / 著
		城南旧事	林海音 / 著，关维兴 / 绘
		草房子	曹文轩 / 著
		我的妈妈是精灵	陈丹燕 / 著
		夏洛的网	（美国）E.B. 怀特 / 著，任溶溶 / 译
	科学	科学家故事 100 个	叶永烈 / 著
		昆虫记	（法国）法布尔 / 著，陈筱卿 / 译
		地心游记	（法国）凡尔纳 / 著，杨宪益、闻时清 / 译
	人文	孔子的故事	李长之 / 著
		少年音乐和美术故事	丰子恺 / 著

表四　中国小学生 70 本推荐阅读书目

学段	类别	书名	作者 / 译者 / 编者 / 绘者
小学低段（一至二年级，15本）	文学	百岁童谣	山蔓 / 编著
		寻找快活林	杨红樱 / 著，大青工作室 / 绘
		熊梦蝶—蝶梦熊	郝广才 / 著，（俄罗斯）欧尼可夫 / 绘
		月光下的肚肚狼	冰波 / 著
		格林童话选	（德国）格林 / 著，魏以新 / 译
		让路给小鸭子	（美国）麦克洛斯基 / 著，柯倩华 / 译
		青蛙和蟾蜍	（美国）艾诺•洛贝尔 / 著，潘人木、党英台 / 译
		木偶奇遇记	（意大利）卡洛•科洛迪 / 著，徐调孚 / 译
		了不起的狐狸爸爸	（英国）罗尔德•达尔 / 著，代维 / 译
		我和小姐姐克拉拉	（德国）迪米特尔•茵可夫 / 著，陈俊 / 译

续表

学段	类别	书名	作者 / 译者 / 编者 / 绘者
小学低段（一至二年级，15 本）	科学	一粒种子的旅行	（德国）安妮•默勒 / 著，王乾坤 / 译
		鼹鼠博士的地震探险	（日本）松冈达英 / 著，蒲蒲兰 / 译
		动物王国大探秘	（英国）茱莉亚•布鲁斯 / 文，兰•杰克逊 / 图，杨阳、王艳娟 / 译
	人文	笠翁对韵	李渔 / 著
		人	（美国）彼得•史比尔 / 著，李威 / 译
小学中段（三至四年级，25 本）	文学	武松打虎	刘继卣 / 绘
		孙悟空在我们村里	郭风 / 著
		让太阳长上翅膀	金波 / 著
		小英雄雨来	管桦 / 著
		戴小桥全传	梅子涵 / 著
		舒克贝塔航空公司	郑渊洁 / 著
		我是白痴	王淑芬 / 著
		雪花人	（美国）马丁 / 文，阿扎里安 / 图，柯倩华 / 译
		父与子	（德国）卜劳恩 / 绘，洪佩奇 / 编
		丁丁历险记	（比利时）埃尔热 / 编绘，王炳东 / 译
		爱丽丝漫游奇境	（英国）刘易斯•卡罗尔 / 著，王永年 / 译
		柳树间的风	（英国）肯尼思•格雷厄姆 / 著，任溶溶 / 译
		彼得•潘	（法国）巴里 / 著，杨静远 / 译
		时代广场的蟋蟀	（美国）乔治•塞尔登 / 著，傅湘雯 / 译
		窗边的小豆豆	（日本）黑柳彻子 / 著，岩崎千弘 / 绘，赵玉皎 / 译

续表

<table>
<tr><th>学段</th><th>类别</th><th>书名</th><th>作者 / 译者 / 编者 / 绘者</th></tr>
<tr><td rowspan="10">小学中段（三至四年级，25 本）</td><td rowspan="5">科学</td><td>生命的故事</td><td>（英国）维吉尼亚•李•伯顿 文 / 图，刘宇清 / 译</td></tr>
<tr><td>最美的科普•四季时钟系列</td><td>（德国）雅各布 / 著，顾白 / 译</td></tr>
<tr><td>有趣的科学</td><td>（英国）温斯顿 / 著，刘建湘 / 译</td></tr>
<tr><td>101 个神奇的实验</td><td>（德国）安提亚•赛安、艾克•冯格 / 文，夏洛特•瓦格勒 / 图，谢霜 / 译</td></tr>
<tr><td>我的第一本科学漫画书</td><td>（韩国）洪在彻等 / 著，林虹均 / 译</td></tr>
<tr><td rowspan="5">人文</td><td>成语故事</td><td>李新武 / 编</td></tr>
<tr><td>图说中国节</td><td>大乔 / 编</td></tr>
<tr><td>讲给孩子的中国地理</td><td>刘兴诗 / 著</td></tr>
<tr><td>希腊神话故事</td><td>聂作平 / 编著</td></tr>
<tr><td>儿童哲学智慧书（第一辑）</td><td>（法国）奥斯卡•柏尼菲等 / 著，乐迈特等 / 绘，李玮 / 译</td></tr>
<tr><td rowspan="11">小学高段（五至六年级，30 本）</td><td rowspan="11">文学</td><td>绘本聊斋</td><td>蒲松龄 / 著，马兰、王育生等 / 改编，吴明山、叶毓中等 / 绘</td></tr>
<tr><td>寄小读者</td><td>冰心 / 著</td></tr>
<tr><td>有老鼠牌铅笔吗</td><td>张之路 / 著</td></tr>
<tr><td>四弟的绿庄园</td><td>秦文君 / 著</td></tr>
<tr><td>我要做好孩子</td><td>黄蓓佳 / 著</td></tr>
<tr><td>狼王梦</td><td>沈石溪 / 著</td></tr>
<tr><td>狼獾河</td><td>格日勒其木格•黑鹤 / 著</td></tr>
<tr><td>铁丝网上的小花</td><td>（意大利）克里斯托夫•格莱兹 / 著，罗伯特•英诺森提 / 绘，代维 / 译</td></tr>
<tr><td>鲁滨孙漂流记</td><td>（英国）笛福 / 著，徐霞村 / 译</td></tr>
<tr><td>汤姆•索亚历险记</td><td>（美国）马克•吐温 / 著，刁克利 / 译</td></tr>
<tr><td>福尔摩斯探案全集</td><td>（英国）柯南道尔 / 著，俞步凡 / 译</td></tr>
</table>

续表

学段	类别	书名	作者 / 译者 / 编者 / 绘者
小学高段（五至六年级，30本）	文学	小王子	（法国）圣艾克絮佩里 / 著，周克希 / 译
		永远讲不完的故事	（德国）米切尔·恩德 / 著，李士勋 / 译
		哈利·波特与魔法石	（英国）罗琳 / 著，苏农 / 译
		不老泉	（美国）纳塔莉·巴比特 / 著，肖慧 / 译
		牧羊少年奇幻之旅	（巴西）保罗·柯艾略 / 著，丁文林 / 译
	科学	飞向人马座	郑文光 / 著
		潘家铮院士科幻作品集	潘家铮 / 著
		安德的游戏	（美国）奥森·斯科特·卡德 / 著，李毅 / 译
		森林报	（苏联）维·比安基 / 著，王汶 / 译
		万物简史（少儿版）	（英国）布莱森 / 著，严维明 / 译
		科学家工作大揭秘	（英国）理查德·斯皮尔伯利、路易斯·斯皮尔伯利 / 著，王庆 / 译
	人文	我们的母亲叫中国	苏叔阳 / 著
		老子说、庄子说	蔡志忠 / 编绘
		世纪三国	罗伯英潘 / 绘，钟孟舜 / 漫画，罗吉甫 / 撰文
		中国孩子的梦	谷应 / 著
		莎士比亚戏剧故事集	（英国）查尔斯·兰姆、玛丽·兰姆 / 改写，萧乾 / 译
		希利尔讲艺术史	（美国）希利尔 / 著，李爽、朱玲 / 译
		诺贝尔奖获得者与儿童的对话	（德国）贝蒂娜·施蒂克尔 / 编，张荣昌 / 译
		居里夫人的故事	（英国）杜尔利 / 著，二栗 / 译

3

一个错题本，让孩子考出好成绩

——提高孩子学习效率的秘诀

“失败乃成功之母”。这句话只有在认真研究自己经历的失败时才成立。做错题是一件常事，但是如果在一道题上反复丢分，失败就仍然是失败。错题本的作用就是避免在同一类题上反复出错。

建立一个错题本，教给孩子一种高效的学习方法。

反思的本质在于：明白哪里犯了错，同样的错误尽量避免犯第二次。

在整理错题本时，一定要做到：不拖拉，不放过。

孩子进入学校之后，学习就成了他们的主要任务。为了方便教育教学工作的顺利进行，学校会安排各种考试。考试的功能有两种：一种是选拔，比如中考、高考；另一种是考查，老师教得如何、学生掌握得如何，需要通过测试来了解。

对于小学生来说，他们经历的考试大多数是后一种。但是，很多父母只看到了考试的第一种功能，一旦孩子的成绩考得不如意，批评指责、苦口婆心的教育就开始了。

关注孩子的考试成绩没有错，但是过分看重考试的结果，只将关注点放在考试成绩上，这无益于孩子学习的进步。正确的方法是关注孩子作业、考试中出现了哪些错误，帮助孩子清除学习中没有弄懂的知识点，补上这些漏洞。

状元的学习经验：错题本助他们取得了好成绩

孙丹阳（2010年石家庄市中考状元）：准备一个错题本很重要

在其他同学和父母看来，孙丹阳一定学习特别刻苦，做题从来不出错，她自己却不这么看。她说："我上课也有走神的时候，也会有考试失利的情况，只是对这些我都会及时调整、及时改正。"

让她获益的一个最重要的方法是，在做题过程中如果有不会的题，她都会记到一个错题本上，第二天再去问老师。"我觉得给每科准备一个错题本特别重要，因为这里面的题都代表了你当时没有掌握的知识点，这样你复习时才会更有针对性。"初中3年，她的错题本有的都跟老师的教案本一样厚了。

禹奇锋（2007 年黑龙江省高考文科状元）：错题本里反思失误

禹奇锋在总结自己的学习方法和经验时，首推他的学习“秘籍”——错题本。这个记录了他所有学习错误的错题本不仅时刻提醒他不要再犯这些错误，而且还让他举一反三思考了许多类似的问题。

谈到如何取得这么好的学习成绩时，禹奇锋用一句话做了总结：“紧跟老师，勤于回头看看自己过去的失误。”作为文科生，禹奇锋与其他许多同学一样数学成绩不是很理想。为了弥补这一“短板”，在老师的建议下，禹奇锋制作了一个错题本。他将平时学习中出现的错误在本子上一一记录下来，并经常翻看，认真琢磨错误产生的原因。有了这些正确的学习方法，在高考中，曾经是“短板”的数学离满分只差了 3 分。

叶思雨（2009 年四川省高考文科状元）：错题本保证不犯同一错误

叶思雨学好数学的秘诀也是错题本。她把自己做错过的数学题抄在本子上，一有时间便会拿出来翻翻。她说：“有一次，做对一道题，很久之后翻看错题本才发现曾经抄过这道题。错题本的作用就是保证以后再遇到类似的题不会犯错。”

谢若嫣（2011 年福建省高考理科状元）：3 个错题本是成功秘诀

2011 年福建省高考理科原始分最高分是厦门外国语学校的谢若嫣，总分 721 分，其中数学考了满分。在数理化的学习方面，谢若嫣有一个习惯：分别建立 3 个错题本，把平常容易做错的题目都抄在本子上，逐个攻克，并不断复习。

这些并不是简单的个案。许多考上北大、清华等重点高校的高考状元透露，他们在高考复习中一个最重要的制胜法宝就是建立这样一个错题本。错题本不仅总结归纳了他们在平时的复习、练习、测验、模拟考试中容易犯错的典型题目，而且还涵盖了他们在阅读大量课内外辅导资料、报刊的过程中搜集到的命题新颖、实战性强的经典题目及解题思路。

错题本应这样建

1. 准备专用的本子

孩子做错题是经常发生的事。有些孩子总是在同一类型的题上出错。做作业的时候，这道题错了，小测验还是此问题出错，期中考试的时候，又在这个知识点上出了问题。这让父母很纠结。有些父母可能会责怪孩子：“你没长脑子吗？为什么一错再错？”这样一味责备孩子是无济于事的。

为了避免这种情况，提高孩子的学习效率，新学期开学父母在为孩子准备各种学习用品的时候，不要忘记为孩子准备一个错题本。孩子每次写作业或考试出现错误时，就将做错的题目抄在专用的本子上，分析错误的原因，再按照正确的方法重做一遍。每过一段时间，父母都要与孩子一起整理错题本，把错题的类型汇总，看看哪个知识点、哪类题型最容易出错。

错题本用什么样的本子没有特别的要求，可以用孩子平常使用的作业本，也可以选一个大一些的本子，像 A4 纸那么大的，还可以选中等大小的本子，这样可以一个学期一本。本子可以用笔划分成左大右小两部分。左边用于错题的更正，右边写下错误的原因。

错题本每个科目都可以用。小学阶段的孩子建议重点做一下数学的错题本。

2. 抄录做错的题目

孩子的单元考试、期中考试结束，老师发下卷子后，父母不要只是看孩子考了多少分，要让孩子认真看一下自己的卷子，把做错的题目原原本本地抄一遍或剪下来贴在错题本上，并把原来错误的解法清晰地摘抄在错题本上，在下面留一块空白。平时在作业中做错的题目也要及时摘抄出来。

常见的错题本有 3 种类型：一是订正型，就是把所有做错的题目都抄下来，并把正确做法写下来，什么时候发现什么时候抄；二是汇总型，就是把所有做错的题目按照课本章节的顺序进行分类整理；三是纠错型，就是按照错误的原因进行分类整理。对于小学生来说，错题本不用太复杂。一开始的时候，可以使用订正型。随着年级的升高，再逐渐提高要求，使用汇总型和纠错型。

3. 分析查找原因

对于每一道错题要经过认认真真的分析，查找出错误的原因，并及时纠正。

错题只是一个结果，但错的原因是多种多样的。有的是因为马虎，比如把 1+1 算成 3，或是看错了题，或是写漏了数字；有的是因为没有读懂题目，或是一时蒙住了，等拿到老师批改的卷子时一看答案立刻明白如何做了；有的是因为知识点没有掌握，拿到题目一点儿思路都没有。

一般来说，考试后老师会对卷子进行讲评，但每个孩子具体为什么做错老师可能并不了解。父母要提醒孩子在老师讲评试卷时注意听自己做错的题目的分析讲解，看看自己是怎么错的。孩子回家后，父母可以把孩子考试时做错的题单独抄在本子上，让孩子重做一遍，看看存在什么问题。

4. 加强错误题型练习

把错题改对了，工作并没有完成，更重要的还在后面。对于每一道错题，还要找一些与之相同或相关的题目，让孩子多做几道。如果做起来仍是磕磕绊绊的，说明孩子对这个知识点还没有掌握。要是父母有能力指导，就和孩子一起对这个知识点再研究一下。如果父母对孩子的学习不是很了解，就要让孩子找老师问明白，直到孩子做这类题得心应手为止。否则，在下一次测试中，孩子可能还要犯同样的错。

5. 错题改编

如果孩子的学习成绩很好，领悟能力也比较强，可以让孩子自己编一道与错题同一类型的题。每道题都会有一个知识点。如果知道这道题考的知识点，编一道题也是有可能的。开始的时候，可以对孩子要求低一些，例如只对原题的条件做一点儿改动。

6. 活页装订

孩子年级高一些后，如果整理能力比较好，也可以使用活页纸夹式的错题本。这种错题本的好处是便于分类整理。

如果使用的是活页错题本，最后一个环节就是按照编号装订。由于每页不固定，每次查阅时还可以随时更换或补充。当有些题目已经从难题变为比较容易的题，或是那类错误已经不再出现的时候，就可以把那一页撤下来。错题本可以从薄变厚，也可以从厚变薄。

错题本这样用

1. 注重整理

一个好的错题本就是孩子知识漏洞的集锦，平时要注意及时整理与总结。

在整理错题本时，一定要做到：不拖拉，不放过。不拖拉，就是对错题要及时解决，不要拖，最好是考试当天就解决。如果有些问题需要问老师，最多放到第二天。如果隔一段时间再去解决，很可能就会忘记整理，也会想不起自己当初是怎样犯的错。不放过，就是正视自己的错误，不要不懂装懂。之所以出现错误，往往是因为对此类知识没有掌握好，理解起来有难度。知识都是有连续性的，如果此时不懂放过去了，可能会导致将来学习中出现更多不懂的地方。

2. **勤翻勤看**

整理好的错题本不要束之高阁。有经验的老师反映：能坚持做到整理错题本并常常翻看的学生，一般不会再犯同样的错误。在孩子复习时，错题本就是孩子最重要的复习资料。复习时一定要多回头看，以后间隔的时间可以加长一点儿。这样坚持下去，就能够得到很好的复习效果。

错题本的复习方法：

（1）每周把该周错题本中记录的题目快速浏览一遍；

（2）每月把该月错题本中记录的题目快速浏览一遍；

（3）每季把该季错题本中记录的题目快速浏览一遍；

（4）期末考试前把该错题本中的所有题目认真复习一遍。

3. **多作反思**

重做错题的过程是孩子反思的过程。反思能让人进步。反思的本质是：明白在哪里犯错，同样的错误不犯第二次。在对错题的分析、对错题类型的总结过程中，孩子的归纳总结能力会得到提高；孩子学习的主动性、良好的学习态度、做事的毅力和恒心都能得到很好的培养。

俗话说得好，“授之以鱼，不如授之以渔”。对于一般的孩子来说，学习生活至少要有 9 年，很多孩子要持续 15 年，有些孩子甚至要持续 20 年。学习成绩的好坏与孩子的幸福指数甚至家庭的幸福指数息息相关，而掌握正确的学习方法与好的学习表现密不可分。建立一个错题本，教给孩子一种高效的学习方法，不仅能及时弥补学习中的漏洞，也培养孩子受益终生的好习惯。

小测试

根据下面给出的元素，制作一个错题本。

原题

做错的题

对错题的分析

正确的解题方法

5 道同类型的题及解法

4

假如孩子藏有一个带锁的日记本，您无须太好奇

——有秘密意味着孩子在成长

青少年时期对隐私的需要超过一生中的任何时期，甚至成年期。如果你认为隐私对你很重要，那么它对你的孩子更重要。

——英国教育心理学家
金伯利·肖内特

父母尊重孩子的隐私不仅是对孩子的尊重，也教会孩子正确对待他人的隐私。

如果父母总是想完全掌控孩子的行为，孩子一旦脱离了父母的掌控，就会实行报复性的追求“自由”的行为。

如果父母侵犯了孩子的隐私，也许会小有收获，但是亲子关系可能会因此陷入僵局。

2006年3月24日的《现代快报》刊登了一封女儿的挑战书，内容如下。

张××：

我感谢你生育了我，但我不是你的奴隶，我是一个自由的人。从今天开始，如果你还想要我这个女儿，必须做到如下十条。

1. 不许动我的书包、抽屉；

2. 不许看我的聊天记录、日记；

3. 不许强迫我穿你买的超级难看的衣服；

4. 不许拦截我的电话；

5. 不许当着亲戚朋友的面说我比别的孩子差；

6. 允许我每天晚上有1小时的自由支配时间；

7. 允许我每周日休息时9点起床；

8. 允许我的朋友到家里做客；

9. 允许我听孙燕姿、周杰伦的歌；

10. 允许我反驳你的意见。

……

如果你做不到其中任何一项，我宁可露宿街头，去做小偷，也要毫不犹豫地离开这个家，让你永远也找不到我！我说到做到！

我们姑且不去讨论这个孩子是在什么情况下写的这封信，

这种方式是否妥当，但可以看出，信中的第 1、2、4、5 条都涉及孩子隐私权的保护。孩子用如此激烈的语言写下此信，可见在这个问题上，父母与孩子的冲突是多么激烈。

心里有了秘密意味着孩子在成长

父母之所以想方设法要了解孩子的隐私，源于对孩子的不放心。尤其是孩子到了青春期，父母发现原来总是对父母撒娇、追着父母说个不停的孩子忽然变得深沉、神秘了：在家的时候经常把自己房间的门关起来，正在用着电脑时发现父母过来会迅速关闭浏览的页面，对父母问话的回答往往是“嗯”“还行”“随便”等。于是，父母开始心慌了。孩子一天天长大，知道的事情越来越多，离开父母的时间越来越长，活动的范围越来越大，父母却对他们了解越来越少。父母急切地想知道他们心里在想些什么。

父母开始想方设法寻找“钻”到孩子心里的途径。2010 年，中国人权发展基金会和谐家庭基金和中国人民大学社会学系共同组织了中国第一次关于亲子交流现状的大规模网络调查，共有 2349 名父母参与了此次调查。调查报告显示，近四成（39%）的父母表示偷看过孩子的秘密；在 13 岁以上的孩子中，有近六成（58%）的父母偷看过孩子的秘密。

从前的孩子会有一个日记本，为防止父母偷窥，很多孩子会把日记本锁上；现在的很多孩子都有手机、电脑，注册了自己的个人空间和微博。父母与孩子这场偷窥与反偷窥的战争也打出了新的时代特点，有“潜伏”，也有“暗战”。

看看这位母亲的叙述：

> 女儿是个性格内向的孩子。自从上中学后，她跟我们说的话越来越少，没事的时候总是躲在自己的房间里

上网。每每看到女儿屋里的电脑屏幕，我总有“钻”进去的冲动，想看看她每天都跟别人聊些什么。

实在憋不住了，我会趁她不在的时候偷偷打开她的电脑，查看她的聊天记录。虽然发现都是些小孩子之间的话题，但是仍然不放心，总怕自己会错过什么。终于有一天，打开女儿的聊天记录之后，发现里面什么内容都没有。原来，她把聊天记录删除了。看着干干净净的聊天记录，意识到孩子用这种方式表达着拒绝及抗议，一瞬间有些尴尬，鼻子也酸酸的。

有些父母即使能看到孩子的聊天记录，也看不出个所以然来，因为孩子发明了一套网上聊天暗语。比如，电脑那头的同学一旦看到屏幕上出现了“MOS”，就会马上停止聊天，或者说些与学习有关的事情，因为在孩子和好友的“聊天字典”里，“MOS”代表“妈妈在背后”；如果是写日记或者博客，遇到一些敏感的字眼，他们就用拆分组合的方式来迷惑父母，在他们的日记或博客中“我会喜上欢腾你”等于“我喜欢你”。

孩子应该有隐私权，就像成人有自己的隐私权一样。有隐私说明孩子长大了，有了内心独立解决问题的要求。对孩子来说，隐私绝不仅仅是一些所谓的“小秘密”，而是他们作为独立个体不断发展的需要。孩子的笔记本、博客等，是他们抒发情绪的一个心理安全空间。父母应当给孩子这个空间，让他释放自己的情绪，说一些不想跟别人说的话。有了这个独立的心灵空间，孩子在独自消化吸收秘密的过程中能够体会到快乐与痛苦、甜与酸，并学会独立思考一些事情。这是孩子成长必须经历的过程。

父母尊重孩子就要理解隐私对孩子的重要性，允许孩子有隐私，尊重孩子的隐私。这样孩子才能感觉到被尊重和理解，两代人之间也才可能有真正的对话和沟通。

孩子的隐私权受到法律的保护

孩子的隐私权受到法律的保护。

2006年新修订的《中华人民共和国未成年人保护法》第三十九条规定:“任何组织或者个人不得披露未成年人的个人隐私。对未成年人的信件、日记、电子邮件,任何组织或者个人不得隐匿、毁弃;除因追查犯罪的需要,由公安机关或者人民检察院依法进行检查,或者对无行为能力的未成年人的信件、日记、电子邮件由其父母或者其他监护人代为开拆、查阅外,任何组织或者个人不得开拆、查阅。”

孩子也有了拿起法律武器保护自己隐私的意识。2010年9月,河南省淇县人民法院铁西法庭迎来了一位特殊的原告——年仅11岁、上小学五年级的李某,状告父母未经其同意翻看他的日记,侵犯了他的隐私权。

原来,孩子的父母经营一家砂石厂,李某是独子,成绩一直名列前茅。一次考试,李某的成绩下降了十几名,父母向班主任了解情况,班主任说李某上课精力不集中,常与同学说话,对其学习成绩下降的真正原因并不了解。夫妻俩回家后,趁儿子去上补习班的时候,偷偷打开了儿子带锁的日记本,发现他竟然与同班女生在“谈恋爱”。暴怒之下,夫妻俩把李某从补习班里叫出来教训了一顿。事后,他们也很后悔,向孩子认错,不料孩子不原谅父母,坚持要到法院告父母。

孩子的隐私得到尊重,才能学会尊重他人的隐私

父母尊重孩子的隐私不仅是对孩子的尊重,也教会孩子如何正确对待他人的隐私。

在我国一个漫长的历史时期里,人们对“个人隐私”这

个概念十分陌生。一个人有隐私似乎很不光彩，意味着做了见不得人的事。但是今天，人们已经有了强烈的个人隐私意识，现实生活要求一个人要学会保护自己的隐私，同时也要尊重别人的隐私。假如一个人没有隐私意识，在学校会遭到同学的排斥，可能还会背上“包打听”的恶名;走上社会，进入职场后，会让人唯恐避之不及，为此付出沉重的代价。

2013 年 5 月，网上报道了这样一件事：一个母亲在儿子洗澡的时候给他拍了一张背面照片，发布到微信朋友圈里，并写上:“小子抄袭作业，发裸照以示警告。这次发背面，如果再犯，就发正面裸照！”

在这位妈妈看来，她只是采取一种逗乐的方式给了儿子小小的惩戒。但事实上，这不仅侵犯了孩子的隐私，同时也在给孩子示范不正确的对待他人隐私的方式。

要教会孩子尊重别人的隐私，父母首先应当给孩子做出榜样，不做不正确对待他人隐私的事情。告诉孩子，对于他人不愿意说的事情，不要追问；对于他人告诉自己的小秘密，不要传播。假如知道自己很难保守秘密，可以坦白地跟对方说:“别告诉我，我怕自己会不小心说出去。”这样做可能有点儿难，因为每个人都有好奇心，但可以避免陷入不断的自我挣扎或背负失信的罪责。同时，要不断地锻炼自己保守秘密的能力。

父母也应教导孩子对自己的隐私要有保护意识。告诉孩子如果有心里话想对别人说，一定要选对人，因为不是所有的人都具有保守秘密的能力。

面对孩子的秘密应当这样做

未成年的孩子享有隐私权，但是另一方面，父母对未成年子女负有监护义务和管教责任，有权知道未成年子女身心发育的有关情况。有时候，父母了解一些未成年子女的隐私未必就构成侵害隐私权，而是正当行使知情权。当然，父母行使知情权必须手段正当，方法正确。

1. 把权利与责任连接，在放与管之间把握好度

父母要告诉孩子，他拥有多少隐私是由他自己决定的。权利是与责任连在一起的，是用对自己的行为负责换来的。如果孩子能够正确支配自己的行为，不做不应当做的事情，这样的行为坚持的时间越长，他拥有的隐私权就越大。

父母要提醒孩子："爸爸妈妈不喜欢做侦探，相信你知道应该如何做。有需要爸爸妈妈帮助的地方一定要随时告诉我们。如果你做出了一些不安全的事情，爸爸妈妈就不能不管了。"

在放与管之间如何把握这个度，父母可以参考警察采用的规则——如果你不做坏事，警察的作用就只是保护你。哪些可以成为侵犯孩子隐私的条件，父母一定要严格把握，并把底线透露给孩子，甚至可以与孩子事先协商这个底线。不建议父母将分数下滑作为侵犯孩子隐私的条件。一般来讲，在涉及孩子安全问题时，父母再实施监护人的权利为好。

没有合理的理由就侵犯孩子的隐私，会出现一些本来不会存在的问题。如果父母总是想完全掌控孩子的行为，孩子一旦脱离了父母的掌控，就会实行报复性的追求"自由"的行为。过度管制会影响孩子成为一个对自己负责的人。

2. 发现孩子有高风险行为，要行使父母的监护权

如果发现孩子有了高风险的行为，比如性方面的问题，或是与网友交往过密，父母就不能再完全放任孩子。他的一些通信记录等，父母需要掌握。

3. 在平衡中选择，保持良好的沟通

父母保护和教育孩子的最好方式就是与孩子保持良好的关系。如果父母侵犯了孩子的隐私，也许会小有收获，但是父母在这么做之前一定要想到，与孩子的关系可能会因此陷入僵局。彼此没有了信任，就无法进行良好的沟通。况且很多时候，父母侵犯孩子隐私的理由往往是不正当的，仅仅是因为自己的疑神疑鬼。所以，父母在对待孩子的隐私上最好不要随便行使监护权。

4. 讲究技巧，严守一些规则

如果父母一定要对孩子的行为进行关注，就要严守一些规则，比如知道的事情不能拿来教训孩子，关注孩子的微博最好是公开的那些，等等。

一个小学生的妈妈分享她关注孩子微博的经验是：不能暴露！即使遇到女儿给军训教官写信这样她认为出格的事，她也坚决忍住了——如果暴露了，难免被女儿拉黑，那就不能掌握女儿的动态了；另外，证据获得的途径不合法，所以能忍则忍，静观事态发展，不到关键时刻不出手，才是“潜伏”的正路。

一位美国的父亲发现自己 14 岁的女儿可能有早恋的倾向，于是给女儿买了一个带锁的抽屉，让她把男孩子写给她的信锁好。他的理由是：“女儿能被男生追，说明她在某一方面很优秀，很吸引人，这是好事情。她不愿意当着我的面读信，说明她成长了，有自己的隐私了，变得成熟了。如果一个孩子在父母面前没有任何隐私，什么事情都要跟父母汇报坦白，那才是真正的可怕，所以我要保护好她的这份隐私，更何况隐私也是她应该享有的一份权利。”

也许今天的孩子已经不再需要一个日记本，但是他们肯定需要一个放置自己内心秘密的空间。无论何种形式，父母要做的就是给孩子保守秘密的权利，不要做侵犯孩子秘密的“小偷”。

延展阅读

论孩子

纪伯伦

你的孩子不是你的孩子，
他们是生命渴望自身的儿女。
他们通过你出生，却并非来自你，
虽然他们和你在一起，却不属于你。
给他们你的爱，而不是你的思想，
因为，他们有自己的思想；
给他们的身体提供住房，
但不要禁锢他们的心灵，
因为他们的心灵居住在明天的房间里，
你不能探访，甚至在梦中都不行。
你可以努力将自己变得更像他们，
却不要设法把他们变得像你，
因为生命不会后退，也不会停留在昨天。
你是发射孩子生命之箭的弓，
神弓手瞄准无穷之路上的目标，
他用神力折弯你，好让他的箭射得又快又远，
让弓欣然在神弓手的手中弯曲吧，
因为他既爱飞驰的箭，也爱稳健的弓。

5

给孩子一本性教育的书，让孩子成为幸福的男孩（女孩）

——性无知容易带来伤害

性教育的目标是保护孩子。不对孩子进行性健康教育，孩子就会随时随地存在实实在在的危险。

两性如何认识自己，如何更好地相知相处、生殖繁衍后代、享受两性愉悦，这些需要通过学习才能掌握。

孩子的发育是有差异的，父母一定要告诉孩子这一点。否则，性发育超前或是滞后都可能成为孩子重要的心事，导致孩子自卑。

孩子提问的时候就是父母对孩子进行性教育的最恰当时机。

在孩子成长的过程中，父母一定遇到过下面这样的场景。

四五岁的时候，孩子会问："我是从哪里来的？"

上了幼儿园，女儿会问："为什么林林（男生）可以站着撒尿，我却只能蹲着？"

到了小学高年级，妈妈发现女儿闷闷不乐，追问之下，原来是游泳课上，孩子看到许多女生的胸部已经鼓得像个小馒头，自己的胸部却还是平平的，怀疑自己是不是有什么问题。

某一天，母亲发现儿子主动洗了自己的内裤，表情也有点儿不自然。

……

这些反应都与孩子的性发育有关。

世界上的人分为两性——男性与女性。两性如何认识自己，如何更好地相知相处、生殖繁衍后代、享受两性愉悦，这些需要通过学习才能掌握。这样的内容传授就是性教育。

无师自通的性学习，很容易走向岔路

对于很多父母来说，对孩子进行性教育是让他们疑惑的问题——性教育有必要吗？性教育会不会促使孩子生出一些不好的想法？进行性教育应该对孩子讲些什么、如何讲？

于是，很多父母选择了逃避。他们用如下的理由说服自己：人对性的了解能够无师自通。这种事情就像吃饭睡觉一样，是一种自然的生理现象，到时候就会了。

事实上，一个人不接受性教育，对性知识完全了解是不可能的。对性的无知或是认知错误可能会给自己的生理、心理带来伤害，也可能会伤害到他人，甚至触犯法律。

1. 少女做人流，不知道怀孕的基本知识

每年暑期过后，媒体上都有关于暑期少女做人流数量增加的新闻。在高校首开性教育专业的成都大学师范学院胡珍教授，从2008年到2009年对成都市几所中学初三到高三的学生进行了问卷调查，结果发现超过10%的女生承认曾偷偷做过人流，但是有三成的人都不知道什么叫初潮、初遗，不知道什么时候容易怀孕，不知道艾滋病是怎么传播的。

2. 12岁小女孩悄悄喜欢自己的男老师

一名12岁女孩的作文——《小孩的世界你不懂》在武汉市一次作文大赛中获特等奖。作文记述了一个小女生的内心秘密：

> 在所有老师中，我最喜欢美术的黄老师。他戴一副黑色边框眼镜，微卷的头发，稀疏的胡茬，透着艺术家的风范，像凡·高像塞尚或者像高更……
>
> 只要一见到他，我心里就有一种莫名其妙的感觉，这种感觉说不清道不明。
>
> 每次看见他认真辅导别的女生画画时，我心里像打翻了五味瓶，不是个滋味。
>
> 慢慢地，我终于明白了自己的感觉：一个小女孩想要得到大哥哥般的关爱与呵护，但不希望与别人分享。这种感觉一直被我压在心底，没有对任何人说。我怕别人说三道四、指指点点。但我无法控制这种感觉，任它蔓延……
>
> 于是，我很努力地学习画画，终于被选进美术小组。我高兴极了！因为我知道，我可以近距离接近他，天天看见他。

3. 未成年同居导致犯罪

2012 年 7 月,《南方都市报》报道：一名案发时年仅 16 岁的男孩与一名 13 岁的女孩恋爱同居，在双方父母都未追究的情况下，男孩被公诉机关提起公诉，深圳市罗湖区法院一审判其强奸罪，判处有期徒刑 1 年 3 个月。

《刑法》第二百三十六条第二款规定:“奸淫不满十四周岁幼女的，以强奸论，从重处罚。”不论女孩是否自愿都以强奸罪论处。

4. 男孩在洗浴广场被性服务

2012 年有一件让人震惊的事发生在陕西省咸阳市。

拿着朋友送的免费洗浴票，家住咸阳市的陈女士一家和朋友胡女士一家第一次踏进洗浴广场。当两家人准备离开浴场时却被告知，陈女士 13 岁的儿子鹏鹏在浴场内消费了由技师提供的“性服务”，浴场要求陈女士为鹏鹏消费的 198 元买单。在得到浴场女技师确实为鹏鹏提供过“性服务”的答复后，愤怒的陈女士当即选择了报警。

鹏鹏说:“事情是这样发生的。到浴场后，我妈她们在女部洗澡，我一个人在男部洗。大约 6 点 15 分，我洗完后换了浴服准备到大厅休息。刚走到门口时，浴场的一个男服务生过来问我需不需要按摩。我以为这项服务包含在我们的洗浴票里，就“嗯”了一声，点了一下头。然后，男服务生便把我带到四楼的一个房间。房间内有一张大床、电视机等。我在里面坐了一会儿，一个女服务生拿了一张单子进来让我签。我签了后感觉不对劲，想回到三楼大厅，却发现四楼通往三楼的铁门推不开。我只得又返回房间。过了两三分钟，一个女的进了我的房间，说了几句话后，她把自己的衣服全都脱了躺在床上。我控制不住，把自己的衣服也脱了。她给我戴了避孕套，并和我发生了性关系。大约 15 分钟后，我下楼回到了休息大厅。到大厅见到父母后，因为害怕，我并没有告诉他们发生了什么。”

5. 14岁少女想做三陪

2005年2月28日，《南京晨报》报道：14岁已经步入青春期的小琴（化名）不止一次声称长大想做三陪小姐，认为那样很风光。“那种工作不仅容易赚钱，而且每天还有好多人陪着，多风光！”

这些都是真实发生的事情。但是对于很多父母来说，如果不是看到事情发生的那一刻，他们无论如何都不会想到这样的事情竟然发生在自己孩子身上。我也相信，很多做过人流的少女的父母一直蒙在鼓里，坚信这样的事情不会发生在自己孩子的身上。

如果您不希望孩子在性问题上受到伤害，对孩子进行及时正确的性教育是理智的选择。

父母是对孩子进行性教育的最佳老师

孩子在成长过程中要接受家庭、学校、社会教育，三方互相配合，又各有侧重。在性教育这个问题上，最好的实施者是父母。

1. 性教育可在生活中随时进行

美国著名的性治疗专家皮尔萨博士曾撰文给那些在性教育上遇到困惑的父母，提出了性教育的6条原则，其中之一是“永远不要正式‘谈性’”。他认为郑重其事地谈性注定是要失败的。

父母与孩子谈性要谈得机智、随便、生活化一点儿，要结合生活对孩子进行教育。这也是家庭对孩子进行性教育的优势所在。

初潮是几乎所有的女孩子都要经历的，也是性教育的重要内容。妈妈在平常处理月经时不要有意识地回避孩子，母亲可以让她了解女人将来要做妈妈，做妈妈是要承受一些辛苦的，规律性地出血表明了女性的生育能力，也是健康的需要。

让孩子知道什么是卫生巾、卫生巾的使用以及如何正确处理经血污染物。去购物的时候可以与孩子一起挑选卫生巾，告诉她挑选中应当注意的问题。母亲还可以通过自己在经期的一些生活保健做法，让孩子了解经期不能吃凉的东西、注意保暖等减少经期痛苦的知识。等到孩子来月经的时候就不会慌，知道这是一种自然的生理现象。

对于男孩子，可以让他从小知道月经对于女人的意义，通过看爸爸这个时候如何照顾妈妈，知道以后如何照顾自己的女朋友和妻子。这样还可以避免青春发育初期男孩对女孩卫生巾的好奇、对有些女孩不上体育课的不理解，知道在女孩因腹痛而不能正常活动时给予适当的帮助。

这只是一个事例。家庭中可以对孩子进行性教育的机会有很多，比如当孩子看到电视上播放床上镜头的时候，可能会问妈妈："你们也做这样的事情吗？"父母不要总是试图转换频道，因为那更会引起孩子的好奇心。父母可以告诉孩子，这是相爱的夫妻做的！孩子谈到同学间的一些事情时，父母可以和孩子一起分析；媒体上报道的一些事例，比如少女怀孕，也可以与孩子共同讨论。有了这样的交流，孩子会觉得对这些问题有疑问并不是什么羞耻的事情。所以今后在遇到疑惑时，他们也会向父母请教，从而避免一些不测事情的发生。

2. 男孩的性教育由父亲负责，女孩的性教育由母亲负责

对于青春期前的孩子，有关性的知识可以由父亲讲给孩子听，也可以由母亲讲给孩子听。在孩子即将进入青春期及之后的一段时间里，有关性的知识最好由父亲讲给男孩听，由母亲讲给女孩听。爸爸可以给男孩讲身为男人的一些感受性的东西，比如孩子遗精了，爸爸因为有过亲身的体验，与孩子交流起来会更贴切一些，对于这种情况发生时孩子需要做什么，体会也会更深一些。

3. 父母自身的示范作用不容忽视

一些比较传统的父母即使在家里也会穿得很严实，从不当着孩子的面表达对彼此的爱，没有任何示爱的语言，也没有任何的肢体动作。而有一些父母又会走向另一个极端：他们在家里衣冠不整；女儿胸部已经发育了，在家里仍然只穿个吊带背心；男孩子洗完澡会赤裸着走出浴室；父母在过夫妻生活时也不太注意孩子是否能够听得到，等等。

这两种类型的家庭行为方式都有不当之处。

父母应当在孩子面前正确示爱。父母在孩子面前如何表达对对方的爱，包括亲吻、拥抱、共眠、生活中的相互照顾、对亲人的关心，都可以让孩子学到爱的各种表达方式和分寸。要让孩子了解有些行为只能发生在两个相爱的人之间，身体有些部位只能暴露在自己的丈夫（妻子）面前。可以给孩子讲讲什么情况下、什么人之间可以亲吻，不同的关系应当亲吻哪些部位，等等。家人也应当给孩子做好示范，比如父母只能亲孩子的脸，不应当亲孩子的嘴。

性教育是让孩子成为幸福男人（女人）的教育

调查结果表明，性教育开展得越好，孩子对性活动的需求就越少。

1. 性教育的内容有阶段性

性是与生理、心理的发育紧密相连的，每个年龄段都有各自的重点。就小学阶段的孩子应当了解哪些性知识，美国儿科学会的推荐是：

5—8 岁就可以对孩子解释那些与生命相关的事实了；

8—9 岁就应该和他们讨论色情问题了，告诉他们有时成年人会在网上看一些具有裸体形象的图片和影片，这些成年人可以看的内容是儿童不应该看的。

9—12 岁应该了解青春期身体变化和正常发育过程的信息，知道异性将会出现的身体变化。

具体来说，对于一、二年级的孩子，要教他认识性器官，一方面为今后进行性教育打基础，另一方面能让孩子学会保护好自己的性器官，比如告诉孩子这些器官是不能让别人看的，是隐私；让孩子注意卫生，注意清洗性器官；玩游戏的时候不要让人碰撞到自己的性器官，等等。

对于三、四年级的孩子，可以进行青春发育预备期的教育。青春期发育在身体变化之前，比如月经初潮、遗精、乳房发育、喉结变大，首先会有情绪上的变化。这个时候，可以讲授男孩子会如何发育、女孩子会如何发育的一些知识，让他们在心理上有准备，了解男女的不同，学会尊重异性。

在五、六年级的孩子中，有一些已经开始青春期的发育了。伴随着第二性征的出现，男孩、女孩在外形上会有显著区别，而且随着体内性激素的升高，很多孩子容易出现性冲动。这个时候，要教孩子用科学的方式疏导自己的性冲动和内心的压抑，比如写诗、画画、体育锻炼等。在这个时期，男孩与女孩间的交往形式开始发生变化：有的表现为打打闹闹、女生摔男生的东西，有的女生会动手打男生，有的女生看不起男生，也有的会模仿成年人说些“我爱你”之类的话。父母可以通过这些变化了解孩子。

孩子的发育是有差异的，父母一定要告诉孩子这一点。否则，性发育超前或是滞后都可能成为孩子重要的心事，导致孩子内心自卑，还可能引发孩子一系列的社会适应问题。

2. 孩子提问的时候就是进行性教育最恰当的时机

性教育什么时候开始好呢？有的专家提倡孩子提问的时候就是进行性教育最恰当的时机。孩子问什么，父母就讲什么。至于讲到何种程度，父母的回答要根据孩子的认知能力而定。可以观察孩子，如果发现孩子对父母的讲解已经不感兴趣，开始东张西望了，说明孩子的疑问已经解除，这个时候父母就不用再讲了。

青春期是孩子困惑最多，生理、心理冲突最激烈的时期，父母一定要多加重视。自己的孩子什么时候开始进入青春期，除身体的变化外，父母还可以通过一些细节观察。孩子开始爱照镜子，男孩子头发洗得很勤，女孩子开始给自己的日记上锁，这些都是孩子内心有了表现自己、希望给异性留下好印象的愿望，也是青春期开始的重要表现。

3. 性教育做在当下，幸福未来

有人说，男人来自火星，女人来自金星。男女两性不仅生理上不同，心理上也有差异，因此有的男性虽然结婚生子，却一辈子都不懂女人，有的女性一辈子也不懂男性心理，这其中包括很多受过高等教育的人。这是人生的不圆满。

性教育的一个方面就是教会人们构建两性之间的和谐关系，教会男孩、女孩如何成为一个具有男人人格和女人人格的人，如何相知相处，成为一个能跟别人愉快交往的男人和女人。如果孩子从小有了这样的意识，当孩子成人之后，即使对于一些异性方面的知识不了解，也知道如何去学习。

在性教育问题上，父母可以根据孩子的不同成长阶段给孩子买一些这方面的书。尤其是对那些即将进入青春期的孩子，买一本有关性知识的书放在孩子的房间里或是放在家里的沙发上，即使孩子在性方面与父母没有太多的沟通，也会在父母不注意的情况下看这本书的。在家庭购书计划中，一定要有这样的书。

链接

美国著名的性治疗专家皮尔萨博士提出了“儿童性教育 6 条规则”。

1. 永远不要正式“谈性”

郑重其事地谈性注定是要失败的。应该找机会实施“机会教育”，重要的是一针见血，而不是长篇大论。

2. 性教育不一定是同一性别的事情

孩子有了性的疑惑时，父母都可以谈，让孩子在父爱和母爱中摄取双亲气质中的良好方面。

3. 性和爱的教育首先应该强调的是“能做什么”

不要老是在孩子面前强调“不能做什么”。父母同时开出一张在性行为方面不能做什么的清单，孩子反倒产生“听上去很有趣，我为什么不去试一试”的感觉。在你说出能做的事情（如握手、拥抱或亲吻）时，必须同时说出不能做的事情：“永远不能伤害另一个人。”

4. 父母双亲同时施教

父母双亲是爱和被爱最亲近的典范。

5. 性和爱的教育不是一生只有一次的教育

不要指望进行一次性教育就能使孩子终生“免疫”，其中的道理正如一再要孩子自己整理房间并不能使孩子的房间永远保持整洁一样。

6. 儿童早期性教育的内容主要应注意

树立正确而恰当的性别同一性和性别角色，从小防止性压抑，正确地回答儿童提出的有关性的问题。

6

教孩子亲手做一个记账本

——理财能力要从小培养

对每个人来说，理财教育越早开始越好，如果不想因为错误的理财决定而遗憾终生，就必须从小开始接受理财教育。

——美联储前主席格林斯潘

一个人的理财观念在12岁左右建立。

孩子的零花钱应当定时定额地给，这样孩子才能有计划地花。

孩子的零花钱应该大于孩子的支出需求，以便给孩子创造储蓄的机会。

孩子上学后，有了生字本、数学作业本、家校联系本等，这些本子都是老师要求父母给孩子买的，都与孩子的学校生活有关。有一个本子老师没有说，但是父母应当给孩子准备，那就是记账本。在知识教育上，父母是配角，但是在有些事情上，父母应该当主角。例如理财教育，父母就比老师做起来更方便。

记账本长这样

记账本使用什么样的本子，父母可以和孩子一起选。父母不要随便给孩子找一张纸，或是在选本子的问题上与孩子发生争执，最好充分尊重孩子的意见，选一个孩子喜欢的本子，让孩子一开始就对这件事充满兴趣。

小账本的封面父母可以和孩子一起设计，可以让孩子画上一幅与花钱有关的画。小账本可以用孩子的名字命名，比如叫“佳贝的小账本”。并且写上时间，例如 2013 年 9 月至 2014 年 9 月。对于刚刚开始记账的孩子，小账本的内页可以做得细一些，周期短一些，可以包括下面的项目。

时间：9 月 1—7 日

本周收入

项目	金额
上周零花钱结余	
本周父母给的零花钱	
其他收入（利息、劳动所得等）	
总收入	

本周支出

时间	花费项目	消费金额
9 月 1 日		
9 月 2 日		
9 月 3 日		
9 月 4 日		
9 月 5 日		
9 月 6 日		
9 月 7 日		

总支出

结余

储蓄

转作下周使用

记账本这样用

1. 和孩子一起记账

开始的时候，由于孩子年纪小，有些字可能不会写，计算能力还不高，不知道如何记账，更没有花钱记账的意识。这种情况下，父母可以和孩子一起记账。孩子只需要说出买了什么东西，花了多少钱即可，会计由父母做。当然，如果花了不止一笔钱，父母可以先让孩子自己算一算总共花了多少。这会比做书本上的数学题更直观，更容易激发孩子对数字、计算的兴趣。

2. 养成孩子的记账习惯

一段时间后，孩子对记账的方法已经掌握了，也有了一些记账的意识，父母就可以把记账这项工作交给孩子来做了。

父母要给孩子提出要求，比如账要每天都记，即使没有花钱，也要写上“今天我没有花钱”的字样，因为这个时期是养成孩子记账习惯的时期，而习惯的养成是需要时间的。如果只有花了钱才记账，中间隔上几天，记账这件事就可能被淡忘。

3. 一周一检查，一月一检查

一段时间后，孩子对记账已经有了基本的了解，也形成了记账的习惯，父母就可以放手让孩子自己记账了。

这个时候，父母的关注点应该从孩子记账习惯、能力的培养转到记账内容的检查监督上，转到对孩子理财能力的培养上。父母要定期检查孩子的账本，看看钱都花到哪儿了，花得是否合理，消费金额与零花钱金额是否相符。

一个小小的记账本，不仅可以培养孩子的理财意识、理财能力，也能发现孩子一些问题行为的苗头，起到防微杜渐的作用。

需要提醒父母的是，检查时如果发现了问题，一定要冷静，心平气和地了解情况。对孩子大喊大叫，只会增强孩子的

"反侦察"能力，慢慢地也许孩子的账本记的就是"假账"了。

随着孩子年龄的增长，父母可以一个月检查一次，或是一年检查一次。

记账本的作用——培养孩子的理财能力

什么是理财教育

让孩子记账并不是为了看孩子花了多少钱，而是要通过记账培养孩子的理财能力。

所谓理财就是指根据个人实际需求，按计划、有步骤、有方案地进行钱财管理，使自己的钱财通过科学合理的安排、消费及有效的投资，获得最大、最好的效益，创造更多的财富。

孩子虽然还没有能力去工作挣钱，但是他们的今天与明天都与钱相伴相随。

国外相关研究发现，一个人的理财观念在 12 岁左右建立。理财教育的特点决定了家庭是主阵地，家庭承担着比其他任何教育载体都重要的责任。

一位专家指出："每当我们看到在世界亿万富翁排行榜上美国人不仅位居前列，而且占去多半，以及在世界经济事务中发挥重大作用和影响的美国著名企业家越来越多时，应该不足为奇，因为这是他们长期坚持将理财教育从孩子抓起的必然回报。"

他们这样做

1. 李嘉诚的教子故事

香港首富李嘉诚的次子李泽楷小的时候，每逢星期日都到高尔夫球场去做球童，通过课余兼职当杂工、侍应生挣自己的零用钱。挣来的钱除了用作零花钱，还用来资助生活困难的同学。

2. 奥巴马的教女故事

2010 年美国总统奥巴马就开始教育两个女儿——12 岁的玛丽亚和 9 岁的萨沙学习基本的理财知识，包括储蓄账户、银行利息和财务管理等。奥巴马认为女儿已经到了可以打工挣钱的年纪，替别人照顾孩子的工作也许是一个不错的选择。除“开源”之外，奥巴马还给两个女儿办理了储蓄账户用以“节流”。

3. 洛克菲勒家庭的教子故事

约翰·戴维森·洛克菲勒是美国石油大王。美国最大的石油公司有 16 家，其中有 8 家属于洛克菲勒财团。约翰的儿子小洛克菲勒有 5 个孩子，每周孩子们只可以领到 3 角钱“津贴”，但还要分成 3 部分：自己花、储蓄、施舍。小洛克菲勒还会给他们发一个小账本，让他们记录每一分钱的用途和时间。如果哪个孩子漏记了一笔账，就罚他 5 分钱。记录无误的则可以得到 5 分钱的奖励。

您还可以这样做

除让孩子记账外，您还可以通过以下方法对孩子进行理财教育。

1. 定期给孩子发放零花钱

零花钱是一个很好的实习工具。通过零花钱的使用，孩子可以学习如何支配和管理钱。

孩子的零花钱应当定时定额，这样孩子才能有计划地花。

孩子的零花钱应当把握在孩子有能力支配的范围内。无论孩子的年龄多大，家庭经济条件多好，给孩子零花钱都不要没有节制。零花钱的多少并没有一个固定的数目。一般来说，除了满足孩子的基本需要，还要考虑孩子学习理财的需求，让孩子能够留出大约 20% 作为储蓄。

很多美国父母会鼓励孩子将自己赚的钱的三分之一存到银行，三分之一用于零花，三分之一用来捐献。为什么在教育子女理财中提到要捐献出一部分钱呢？这是培养孩子的慈善心，让孩子了解金钱除能满足自己的需要外，更能造福他人。

2. 培养储蓄观念

储蓄是理财的基本，若孩子能建立良好的储蓄习惯，意味着理财观念已开始萌芽。

给孩子储蓄的机会：孩子的零用钱要大于孩子的支出需求。

给孩子储蓄的意识：每拿到一笔钱，就要让孩子拿出一定的数额留作储蓄。

每到春节，孩子或多或少都会得到一些压岁钱。让孩子把所得的压岁钱全部上交父母或是任由孩子拿着这笔钱不管不问都不是好的选择。引导孩子管理好压岁钱是对孩子进行理财教育的重要机会。过完年之后，父母要把孩子的压岁钱纳入管理。对于小学阶段的孩子，父母可以与孩子一起商量，将多少钱存入银行，并同孩子一起去银行存上这笔钱。

让孩子了解储蓄的不同方式与不同回报。

父母可以为孩子的储蓄行为投资，比如以 1 比 1 的方式，即孩子存入 1 元钱，父母等额存 1 元钱，或年初与孩子约定，到年底的时候，如果孩子银行的存款达到了 200 元，父母就会奖励存入 100 元。

3. 为孩子开设单独的银行账户

给孩子开一个户头，让孩子对自己的账户存款负责。孩子总是喜欢他账户上的钱越来越多，这样就会克制一些消费欲望。

办这件事情之前，一定要做好准备。父母要和孩子商量清楚拿多少钱去开户；了解清楚银行开户的最低存款额是多少；告诉孩子利息是什么；让孩子算一算如果存入 100 元，一年之后会得多少钱；等等。然后和孩子一起填写表格，办理申请。

这些事情父母一定要和孩子一起做，因为这个过程本身就是对孩子进行理财教育的过程。

4. 建立理财目标

父母可与孩子讨论建立储蓄目标，例如购买玩具、脚踏车、溜冰鞋等，然后协助孩子根据零花钱的情况制作一个实现目标的时间表，建立孩子的预算观念。

5. 教孩子理智购物

父母要教孩子如何购物，做一个智慧的消费者。要示范给孩子看，买需要的而不是想要的。为了减少冲动购物，要采取一些措施，比如购物之前写下要买的东西，买的时候增加目的性，等等。

在购物过程中，教会孩子看价格、生产日期、保质期、产地、成分等商品信息，购物之后保留好小票，等等。

6. 让孩子参与家庭理财

有时候，孩子对于钱并没有太深的认识。父母一定要经常和孩子一起把钱恢复到物物交换的时代，比如 100 元钱相当于家里一个月的电费，相当于一个山区孩子一家一个月的花费，相当于一个钟点工人 6 个多小时的劳动，等等。

在寒暑假的时候，可以抽出一个星期的时间，让孩子当家，掌管家庭“财政”。可以把家里的收入、各种花费状况告诉孩子，让孩子计算收支差值，让孩子为一部分家庭开支付账，等等。

7. 让孩子体会挣钱的艰辛

日本有一句名言：除了空气和阳光是大自然赐予的，其余的一切都要通过劳动获得。可以让孩子通过承担家务劳动获取报酬的形式感悟到这个道理。

在孩子假期的时候，如果单位允许，父母不妨带孩子上一天班，让孩子体会父母上班的辛苦，告诉孩子这一天的劳动相当于多少钱，让他们明白劳动与金钱的关系。

8. **培养爱心**

一个母亲每次去银行给老家的老人寄钱时，都会带上孩子。孩子问："为什么总要给他们寄钱呢？" 母亲就告诉孩子："因为爷爷奶奶年纪大了，他们养育了爸爸，现在爸爸需要赡养他们了，这是一种责任。"

这样的教育也是理财教育的重要内容。父母要教孩子乐于分享，把自己一部分的微小积蓄捐赠给需要帮助的人，体验助人的喜悦。

平时学校里会有一些捐献活动。这个时候，要让孩子用自己的零花钱或是压岁钱捐款。

洛克菲勒在写给已成年的儿子的信中说：

> 有一点你要记住，"财富指的是你生活品质的程度，而非你赚钱的多寡"。要体会富有的滋味，并不需要靠着上亿的钱财，而是你去过你真正想过的生活！

读到最后，您似乎觉得已经不是在讲理财，似乎是在讲人生，其实理财教育就是人生的教育，是让人幸福的教育。

小测试

父母的理财习惯对孩子有很大的影响。您的理财习惯如何呢？可以测一测。

父母自身理财能力测试：

您知道您现在钱包里有多少钱。

每月发工资后，您会取出一部分钱存入银行卡里。

每个月月底的时候，您从来不担心钱的问题。

您不会因为不高兴就去逛商店、购物。

即使用信用卡消费，每次消费的小票您也会留起来，并经常计算自己的消费金额，看看是否超出了预算。

如果您的回答大部分为"否"，就先要从您自身改起了。

7

父亲，请留出一天时间与孩子相处

——孩子的成长需要父亲的陪伴

那些为了金钱而牺牲了家庭、荣誉、健康的人，一生都是失败者。

——美国成功学研究者 拿破仑·希尔

抚养孩子的规则是花一半的钱，花两倍的时间。

父亲是第一个引导孩子认识男人社会和走向男人社会的人。

陪伴孩子应当是全心全意的，要观察自己的孩子，要看到孩子。

一直以来，我都以为男孩是爸爸生的，女孩才是妈妈生的。昨天我的小姨在医院里生下一个小弟弟，我才明白原来男孩也是妈妈生的。那么，要爸爸干啥呢？

爸爸每天早出晚归，一回家就懒洋洋地靠在沙发上看电视、看报纸……爸爸从外面回来，从不像妈妈那样为我们带点儿小礼物，所以我们对他的来去也从不关心。妈妈外出一天，我们感觉像有一年那么长，而爸爸出去几个月我们都不会想他。他不在家我们反而玩得自在。

这是一个学生写的名为“要爸爸干啥”的信。在这个小学生的描述中，爸爸似乎是可有可无的。如果真是这样的话，造物主对于爸爸这个角色的设计未免太粗糙了。

父亲的角色不是用钱买来的

很多父亲以工作忙、自己的任务就是挣钱养家、不善于与孩子沟通、孩子不听自己的话等为借口，淡出了家庭教育，把教育孩子的责任完全推给了孩子的母亲。这样做是不利于孩子健康成长的。

美国研究人员发现，对孩子的情感发育而言，父爱与母爱同等重要，有时甚至比母爱更重要。父亲的职责不仅仅在于挣钱养家，教育孩子也是父亲的重要职责。

有人曾经说过，抚养孩子的规则是花一半的钱，花两倍的时间。所以很多父亲认为，为了孩子自己要多挣钱，并因此舍去了陪伴孩子的时间，其实是本末倒置了。

作家肖复兴在《父亲的角色不是买来的》一文中说得更清楚，他写道："钱不是一切，作为一个父亲，挣钱也不是唯一的。你可能拥有了钱，但你可能失去孩子的未来，你的再美好、再富裕的家也是不完整的。作为一个父亲，你在外面扮演好社会角色之后，也必须回到家里重新演好一个父亲的角色，而这后一个角色，绝对不是用钱就可以塑造成功的。"

孩子需要父亲的陪伴

心理学研究表明，男女两性的差异使得父母对子女带有差异性的教育构成一种天然的和谐，是一种取长补短的巧妙配合，任何一方的缺失都会削弱家庭教育的功能。

1. 在孩子的成长中父亲需要及时参与

在孩子成长的各个阶段，父亲起着不同的作用。

对于婴儿期的孩子，父母的功能更多的是养育，他们需要细心的呵护。母亲怀胎十月，很多孩子生出来后又是母乳喂养，所以在这个阶段，孩子对于母亲有着更多的依赖，母亲的作用更大一些，与孩子的互动也更多一些。但这并不意味着他们不需要父亲，并不是说父亲在孩子小的时候不需要参与孩子的教育。

父亲应当认识到孩子发育的特点，孩子小的时候黏妈妈是一种正常现象，不要因此产生失落感，慢慢地与孩子疏离。父亲要及时参与进来，与孩子培养感情。当父亲需要担起主要作用的时候，孩子才能够接受父亲。

随着年龄的增长，孩子对父亲的需要越来越多，父亲的作用也会越来越重要。

2. 父亲是孩子性别角色发展的重要条件

有人说，父亲是第一个引导孩子认识男人社会和走向男人社会的人，也是第一个引导女儿认识男人社会的人。从父亲那里，儿子认识到怎样才是一个男人，女儿会了解一个不同于自己性别的人是什么样的。

新西兰坎特伯里大学的布鲁斯·爱丽丝和美国田纳西州范德比尔特大学的研究人员，对美国田纳西州和印第安纳州 3 个镇的 173 名女孩和她们的家庭所做的调查表明：与父亲关系特别好的女孩，青春期发育迟于那些与父亲关系一般或不太好的女孩。尽管基因（遗传因素）、饮食和锻炼影响青春期出现的早晚或发育质量，但这一研究结果也表明社会因素，特别是家庭关系，同样影响孩子的生理发育。

专家认为，女孩早熟必然伴随过早思春和接踵而至的性生活及生儿育女，这也是一些国家少女母亲增多的原因之一。这显然不利于下一代的成长，也不利于少女母亲本身的健康。

3. 父亲的参与会使孩子更优秀

研究表明，与母爱相比，父爱对孩子智力影响更大，常与父亲相处的孩子对外界刺激的敏感性、生活独立感、学习自信心方面都占优势。而那些长期生活在女性群体中的儿童，他们的性格和心理状态都很容易出现偏差，例如容易担惊受怕、烦躁不安、精神抑郁、多愁善感，久而久之，男孩子的性格就会变得女性化，缺乏男子气。

随着孩子年龄的增长，父亲广博的知识、丰富的经验、开放的态度、对竞争和创造的鼓励吸引孩子更多地向父亲寻求指导和支持。父亲对孩子的积极关注和肯定也更能增强孩子的自信。一项发表在《人口统计学》期刊的研究发现，在孩子步入成年期的过程中，如果父亲和孩子在情感上很亲密，对家庭的参与度比较高，孩子在学校的表现会比较优异，成为少年犯的概率也很低。

孩子眼中的好父亲

如何做一个好父亲呢？2012 年 12 月美国心理中心网列出了好爸爸的 8 个标准，其中第一条就是多花时间陪孩子。

来自孩子们的反馈也证明了这一点。2011 年六一前夕，上海市少工委向全市少年儿童发放了 105 万张幸福卡，请孩子们把自己认为最幸福的事记录在卡片上，最后，评出上海市少年儿童心中的“十大幸福”。得到父母的理解和陪伴高居榜首。孩子们提出他们的幸福在于“父母能够理解子女的需求及选择”“父母相亲相爱，陪伴我成长”“经常和家人一起吃饭、聊天、外出游玩”。

孩子与父亲在一起的每个瞬间都有可能成为他们的美好回忆。

柯莉是一个美国小姑娘，在她 14 岁时送给父亲的贺卡上写了这样一段话：

> 我为什么爱我的爸爸
> 因为他曾在我幼时冲浴时，向我猛浇凉水
> 因为他送我的圣诞礼物是副呆气十足的眼镜
> 因为他总是替我改写英语作文
> 因为他总是在我伤心哭泣时也陪着我哭
> 因为他为我买了一辆轿车
> 因为他总是在家庭打嗝、放屁比赛中获胜
> 因为他总是在妈妈说“不”时说“是”
> 因为他把我从小木筏上推入河里而使我过了一个刺激的水上生日
> 因为他曾让我在水中垂钓了整整六个小时
> 因为他会为了我而去赴死

因为他与四个女性（其中包括一条狗）生活在一起，而且始终微笑

因为他是我爸爸

从孩子的标准看一个好父亲，他是幽默风趣的，爱孩子的。更重要的是，他始终与孩子的生活融为一体，参与孩子的日常和情感生活。

“忙”不能成为理由

有些父亲可能说自己没有时间陪伴孩子。在现今社会，尤其是在有着“男主外女主内”的传统文化的中国，确实大多数家庭里父亲承受的压力要更大一些。但是“忙”不能成为父亲不陪伴孩子的理由。

一些在陪伴孩子方面做得好的父亲也是大忙人。来看看他们是如何做的。

1. 奥巴马：成为孩子生活的一部分

2011 年 6 月，美国总统奥巴马以《我们如何当父亲》为题发表了父亲节演讲。他说：

通过自己成长的亲身经历，以及不断努力成为“完美父亲”的过程，体会到有一些东西孩子最需要从父母那儿获得。

首先，孩子需要我们花时间与之共处。与时间长短相比，同他们在一起相处时的质量则更为关键。或许我们仅仅能简单地嘘寒问暖，或是一起散散步，但就是这些瞬间点滴却可能对他们影响至深。

对孩子进行正确的引导，每个父亲都负有自己的责任。我们可以鼓励孩子关掉游戏机，拾起书本；可以为

儿子准备一份健康的午餐便当，或者与女儿一起去户外打球。我们可以教育他们分辨是非对错，并且以身作则，彰显将心比心的为人处世之道……但在所有事情里最重要的是，他们想让我们成为他们生活的一部分。

……

最后，我要说，这就是关乎为人父母的一切——那些与孩子相处的珍贵时刻，让我们对他们的未来感到自豪与欢乐，这是我们树立榜样、为他们提出忠告的时机，是我们向他们表达爱的机会。

2. 冯仑：轻松聊天也是一种教育

陪伴不是教育，但是教育的效果显而易见。万通控股董事长冯仑在《我不教育孩子》一文中谈了自己的“不教育”，但是读了之后，会觉得那是一种无痕的教育。他写道：

教育这词有点儿大，我没什么教育，就是爱跟孩子聊聊天。

小孩子都有青春期，容易有所谓“早恋”，很多父母就是一种态度：阻碍、管制。我不同，我跟我女儿关系很好，很早的时候，我会跟她说：“爸爸不问你跟谁约会，这是你的事，但是，18 岁以前你有一件事得告诉我：在哪儿约会？为什么？ 18 岁以前我是监护人，如果见不到警察，又见不到其他人，万一有事，我得担责任。你必须在一个能够看见警察，或者有事能够找到人的地方。”

3. 高桥秀树：与孩子一起做实验

高桥秀树是日本作家。他在自己的家中建了个“家庭实验室”，带着儿子一起做实验。父子俩一起拆过自行车，安装过小马达，每一次实验成功，他们都会无比兴奋。父子俩还曾按照儿子的课本做过这样一个实验：先加热烧瓶，等烧瓶里的水沸腾后盖上盖子，然后将烧瓶底部放到冷水中，等到烧瓶里的水停止沸腾，立刻用冷水从烧瓶顶上浇下来，看看烧瓶里的水会出现什么情况。

4. 曾国藩：陪伴可以超越时空

曾国藩学识渊博、文武兼备。他曾任清朝的两江总督、直隶总督，官居一品。因为在外做官，他有很长的时间没有与孩子生活在一起。他的工作也一定比很多的父亲都忙，但是因为心中想着自己的孩子，他一有时间就给孩子们写信，为他们批改诗文，与他们交换学习、修身养性的心得体会。他由此赢得了孩子们的尊敬和爱戴，他的孩子都非常钦佩、崇拜他。他的儿子纪泽诗文书画俱佳，又自修英文，成为清末著名外交家；纪鸿在古算学研究方面也取得了相当的成就。

所以说，忙并不是父亲缺席孩子成长教育的理由。

您可能经常出差，但是可以用电话、邮件与孩子交流。曾有一个经常出差的父亲，他每到一个地方就会给孩子写一封信，介绍自己所在城市的风土人情，谈谈自己的感受。他还专门用所住酒店的信封信纸给孩子写信。这些信不仅让孩子感受到浓浓的父爱，让孩子时时感到父亲的存在，而且这些城市在孩子的心中一定会有不一样的感觉，说不定还会影响孩子未来职业的选择。对于父亲来说，他收获的不仅是亲情，也给自己留下了很多值得回味的文字。

您可能每天下班很晚，但陪伴孩子永远来得及。曾经有一个日本父亲，他每天工作到半夜才回到家，为了与孩子交流感情，每天让孩子在临睡前写下一篇日记，然后自己再给孩子回一封信。在这个过程中亲子感情增加了，孩子的写作能力也得到了提高。

如果父亲每天能有 10 分钟的时间与孩子交流，每周能有一天的时间与孩子相处，将会对孩子产生难以估量的影响。

陪伴孩子一天

陪伴孩子应当是全心全意的，要观察自己的孩子，要看到孩子。如果与孩子在一起的时候心中仍然想的是工作、是朋友，这样的陪伴是无效的。

一个调查显示：60% 的家庭父母每天与孩子相处的时间为 4 小时左右。共处时从事的活动，35% 的孩子在看电视，25% 的父母在辅导孩子学习，父母每天和孩子说话的时间则不足半小时，而且谈的内容多是教育孩子。这样的时间都不能算作与孩子相处的时间。

如果给父亲一天陪伴孩子的时间，在这一天的时间里应当做这样的事情：亲手给孩子做一日三餐，和孩子一起读书，认真解答孩子提出的问题；也可以与孩子一起出游，一起游戏，甚至是一起购物。在这一天中不谈论学习，而是与孩子一起娱乐，增进感情，开阔孩子的视野。这一天，孩子应当是中心，无论做什么事情首先要考虑的是孩子的感受。

孩子最需要的感觉就是——自己值得父母花时间陪伴。

延展阅读

如果您有兴趣，可以找下面这两篇文章来读一读：

《妈妈，放下手机吧》

《20 美金的价值》

8

每天多给孩子一个拥抱

——拥抱让亲子关系更融洽

如果对自己的孩子多一些拥抱、抚摸，有时甚至是亲昵地拍打几下，孩子在对外交往以及智力、情感上都会更健康。

——英国教育家　斯宾塞

一个长期不被父母拥抱的孩子，心灵是孤独的。

拥抱、抚摸、牵手，也是教育的一部分。

表达爱意的时候，孩子伤心的时候，孩子让您感到难过的时候，拥抱是最好的情感表达方式。

人与人之间需要交流，以达到沟通的目的。交流的方式有许多种，可以通过声音，可以用面部表情，也可以用肢体动作表达。鲁鸣在《缺少拥抱的中国人》一文中说："中国人缺少拥抱，缺少肌肤之亲。我们不善于用肢体动作来表达人与人之间的友好和亲近，这是一个很大的遗憾。"其实，中国人并不是不用肢体动作表达自己，只是不善于用肢体动作表达爱。

拥抱是一种用肢体动作表达爱的方式。对于现在的很多父母来说，拥抱孩子可能并不是一件稀罕事。尤其是在孩子小的时候，拥抱孩子几乎是父母每天都要做的事。但是如果问父母为什么要拥抱孩子，可能很多父母会一脸茫然。由于认识上存在误区，导致随着孩子年龄的增长，父母给予孩子的拥抱越来越少。到了孩子 10 岁左右，父母就很少再拥抱他们了。

拥抱能给孩子带来幸福感和安全感

爱孩子有多种途径，表达爱也有不止一种方式，但是拥抱却是其中最直接、让人们感受最深的方式。

孩子需要拥抱，拥抱是孩子的生理需求，也是情感需要。父母的怀抱可以让孩子感到无限的温暖，使孩子产生强烈的幸福感和安全感。

有调查表明，70% 的孩子喜欢父母的拥抱，有 1/3 的孩子认为人的一生都需要父母的拥抱。一个长期不被父母拥抱的孩子，心灵是孤独的，严重时甚至会出现"恋物癖"的症状，形成敏感、退缩、脆弱的人格特征。

英国教育家斯宾塞在他的《斯宾塞的快乐教育》一书中曾经专门谈论过拥抱和抚摸产生的奇迹。当时，他正在对一所孤儿院的孩子进行研究。他写道：

> 不久前，孤儿院里的孩子们得了一种奇怪的病。他们目光呆滞，没有兴趣到游艺室玩，食欲不振，偶尔还发出长长的叹息。院长请来医生，也就是镇上的奥尼尔大夫，但奥尼尔也没有办法。院长自然想到了我，让我去试一试。
>
> ……
>
> 我决定从镇上的学校请来一些十几岁的小女孩和他们一起玩耍。这些女孩子的到来使孤儿院的气氛立即改变。她们大声地笑、闹，把那些孤儿抱起来亲吻、拥抱、抚摸，沉闷的孤儿院就像飞进了一群漂亮的天使。就这样，她们每天下午都在这里与孤儿们玩上半个多小时，周末的时间更长些。
>
> 不久，奇迹发生了，孤儿院的孩子们活跃起来，有的还像风一样绕着院子里的白杨树跑。他们眼睛发亮，食欲增加，身体明显转好。

那里的孩子缺少的并不是食物，饥饿的是他们的皮肤，这种需求如果长期得不到满足，孩子就会发育不良，智力衰退，慢慢变得迟钝。事实证明，如果父母给自己的孩子多一些拥抱、抚摸，有时甚至是亲昵地拍打几下，孩子在对外交往以及智力、情感方面都会更健康。就像斯宾塞所说："拥抱、抚摸、牵手，也是教育的一部分。"

经常与父母拥抱的孩子心理素质也会高于与父母关系紧张的孩子。当父母张开双臂拥抱孩子时，他在父母的臂弯里感受到的是父母的体温。这给孩子带来了极大的安全感，让他们感到自己无论做什么，都有父母做坚强的后盾。这样的孩子在生活中胆子更大，遇到挫折时不会感到孤独，会变得更坚强。

父母的拥抱传达给孩子这样的信息："不管何时何地，不管你遭受了多大挫折、犯了什么错，我们对你的爱永远不变。"

拥抱有助于建立良好的亲子关系

父母与孩子之间是否建立了亲密关系，关系到家庭教育能否实施。

亲子间的亲密关系是在12岁之前建立的。如果孩子与父母建立了良好的亲子关系，孩子就不会感到孤独无助，做事情就会有所牵挂、有所顾忌，不会做出严重伤害自己或他人的事。如果孩子12岁前没有与父母建立起亲密关系，随着孩子年龄的增长，有了一定的行为能力以后，孩子对于父母干预的事情会有一种逆反心理，不仅不会收手，反而会加剧。研究发现，许多孩子犯罪都是由于父母与孩子没有建立起亲密关系。

许多父母会为孩子青春期出现的问题头疼，他们觉得自己的孩子一直好好的，为什么到了青春期就不听话了，甚至出现沉溺于网络、逃学、打架等不良行为。其实，如果家里有了这样的孩子，父母反思自己的教育方式就会发现，孩子的青春期凝聚了过去父母对他管教的结果和已经形成的品行，今天出现的问题只是之前所有未解决的问题的恶化、爆发。这个时候，如果再想解决问题，需要父母付出更多的时间与精力去修补亲子关系。

与孩子建立亲密关系，拥抱孩子是一种很好的方式。美国著名的心理学家赫洛德·傅斯博士说："拥抱可以消除沮丧——能使体内免疫系统的效能上升；拥抱能为倦怠的躯体注入新能量，使你变得更年轻、更有活力。在家庭中，每天的拥抱将能加强成员之间的关系，并且大大减少摩擦。"

所以，即使孩子上了小学后，父母仍然应当多拥抱孩子，有意识地与孩子建立亲密关系。

李嘉诚先生在谈到自己所受的家庭教育时，曾经非常深情地回忆说："最难忘记的是父亲的拥抱。我至今还清楚地记得，稳健而富有涵养的父亲与我亲密接触时，常常会忍不住紧紧拥抱我，并把我举得很高……"

多多拥抱孩子，孩子会更健康，亲子关系也会更融洽。

拥抱孩子的时机

拥抱是孩子成长所需要的营养素，那么一天应当拥抱孩子几次？什么时候拥抱孩子？对于不同年龄段的孩子，拥抱方式有何不同？这些就是父母在这一课中应当学习的内容。

1. 常态下的拥抱

台湾福儿联盟提出"三三三项目计划"，在这个计划中提出父母每天要抱孩子 30 秒，每天要聆听孩子 3 分钟，每天要陪伴孩子 30 分钟。

父母在一天中至少有三个时间可以给孩子一个拥抱。

早晨的第一次拥抱。在不少家庭中，孩子的一天始于父母的唠叨和指责："快一点，刷个牙怎么这么长时间。""叫你总是不起来，看看又晚了吧。""快吃，别磨蹭了。"……父母说着这些情绪化十足的负面言语，拉扯着孩子一路小跑奔出家门。这样启动新的一天，只会让孩子处在一种不良情绪中。其实，父母应当计划好早晨的时间，在孩子即将走出家门的时候，或是父母每天送孩子到学校门口的时候，给孩子一个拥抱，让孩子身心感受到父母的温暖，心中装着父母的爱。这样即使孩子在一天中遇到了挫折，或是感受到了不快，他仍然有力量坚持下去，因为他们会记得早晨那个拥抱所包含的爱。

晚上的第二次拥抱。无论父母手头有多忙，当孩子放学回到家时，都请放下手中的事情，给孩子一个热烈的拥抱，这会让孩子有“回家”的感觉。这个拥抱会让孩子感觉到父母的注意力全部放在他的身上，从而乐意和父母分享他的快乐与烦恼。如果父母到学校接孩子放学，可以在校门口见面的时候把这个拥抱给孩子。如果比孩子晚到家，也要让孩子养成父母到家时出门迎接，与父母拥抱的习惯。

孩子睡觉前的第三次拥抱。孩子临睡之前在他床边坐上一会儿，与孩子聊上两句，听孩子讲讲他想讲的话，然后再给孩子一个拥抱，孩子就很容易带着父母的关爱入睡，做的也一定是甜美的梦。

2. 奖励时的拥抱

孩子做了让父母满意的事情，取得了一些成绩，或是通过自己的努力克服了一些困难，父母往往会给孩子奖励，有口头的表扬，也有物质的奖励——给孩子买礼物或是多给孩子一些零花钱等。其实这个时候，父母最应当给孩子的是一个热情的拥抱。这样，孩子立刻就能体会到父母的鼓励和肯定，他的内心就会获得体验成功的快乐。

3. 安慰时的拥抱

拥抱有非常重要的安定情绪的作用，哪怕抱着一个毛茸茸的玩具熊，也有这种安定的作用。

美国教育家老卡尔•威特说：“我认为，沟通是一种艺术，有关的时间、地点、环境和方式都要考虑到。比如说孩子有时候希望在心理和情感上保留一些自己的空间，或者他感情波动很大，非常需要安慰而不是提问，在这些时候，我会拥抱、抚摸儿子，传达给他沉默而温暖的信号。”

孩子放学回来的某一天，可能情绪会不太好。是什么原因导致孩子情绪低落？有的父母会追着问孩子。孩子此时可能不想说，也许是考试没考好，也许是朋友说了一句让孩子不开心的话，也许是他喜欢的一个老师要调离了……其实，发生了什么并不重要，重要的是孩子此时需要父母的安慰。父母可以安静地抱一抱孩子，什么都不用说，给孩子倒杯水，问孩子是不是要休息一下，这样做就可以了。等到孩子情绪好了的时候，他自然会告诉父母发生了什么。没有不良情绪的干扰，孩子与父母之间才可能进行有效的语言交流。

拥抱孩子的技巧

1. 拥抱的姿势

父母在拥抱孩子的时候应当全身心投入。在孩子年龄较小，身高与父母相差比较多的时候，父母要把孩子抱起来，或是蹲下来与孩子拥抱。拥抱不仅要脸贴脸，还需要身体的胸部与腹部紧密接触，也就是我们说的“熊抱”。熊抱，按字面的意思就是像熊一样张开双臂将对方紧紧地抱在怀里。具体的姿势就是面对面，身贴身，手绕手的拥抱。这个姿势至少可以用到孩子 12 岁的时候。

2. 拥抱的时间

每次拥抱孩子的时间长短要视情况而定。早晨拥抱的时间可以短一些，两三秒即可；入睡前的拥抱可以时间久一些，动作轻柔一些；奖励性的拥抱可以用力一些，时间可以短一些；安慰性的拥抱动作要温柔一些，时间也要久一些。

3. 不同的年龄，不同的方式

美国杜克大学的研究人员指出，最理想的状态是母亲不但能给孩子足够的母爱，还能与孩子“同步成长”，懂得什么时候应该拥抱孩子，什么时候不再适用这种方式表达情感，毕竟一个 12 岁的孩子不会愿意被母亲像拥抱婴儿那样拥抱他。

拥抱的形式及频率在孩子不同的年龄段是不同的。

孩子进入青春期的时候，可能与父母，尤其是女儿与父亲、儿子与母亲间，在身体接触方面会有一些抗拒。这个时候，父母要善于观察，如果孩子有意识地与父（母）保持身体的距离，就不要再勉强孩子。但并不是说，这个时期孩子就不需要父母的关爱了。他们一方面羞于与父母拥抱，内心又很渴望与父母亲近。对此，父母可采用其他的肢体动作代替拥抱，比如拍拍孩子的肩膀，孩子也会感到父母的爱。

中国人的肢体语言更多地用来表达愤怒，而不是表达爱意。比如父母会动手打孩子，会用手指着孩子批评孩子。从现在开始，父母要用肢体语言传达正能量，多给孩子一个拥抱。表达爱意的时候，孩子伤心的时候，孩子让您感到难过的时候，拥抱是最好的情感表达方式。

父母需要谨记于心的话

父亲宽广的肩膀是孩子力量的源泉，母亲温柔的怀抱是孩子心灵得到安静的港湾。

拥抱、抚摸、牵手，也是教育的一部分。

在这样的话语指导下，每天反省自己：今天是否平心静气地拥抱了孩子30秒。

9

送孩子一个珍藏回忆的百宝箱

——让孩子心中有爱

爱之花开放的地方，生命便能够欣欣向荣。

——荷兰后印象派画家凡·高

一个对什么都没有热情和兴趣的人，生活对于他来说是冰冷的，在受到挫折和打击后，很容易万念俱灰，甚至放弃生命。

在孩子心中播下爱的种子，冷漠就无处藏身。

珍惜孩子童年时送给父母的一片树叶，如此，才会有孩子成年后送给父母的一次海外旅游、离家后每天一个的问候电话。

2012 年 4 月 18 日下午，安徽省滁州市中级人民法院不公开审理一起案件。检察机关指控，因不满母亲对自己的教育方式，2011 年 8 月 31 日中午，14 岁的小玉（化名）将买来的两包老鼠药放进米饭。眼看着母亲吃下有毒米饭出现中毒现象疼得满地打滚，小玉却置之不理。她非常冷静地拔掉家中的电话线，拿走了母亲的手机等物，并返回学校。数日后，发现小玉的母亲在家中身亡。

小玉的父母离婚多年，她一直和母亲生活在一起。在亲人的眼中，小玉并不孤独，她被各种爱“包裹”着：外公外婆为了让小玉更好地成长，拿出了自己的积蓄给小玉母女买了新房子；妈妈则几乎对小玉学习上的事有求必应，把自己的绝大部分收入都花到了女儿身上。

但是，在小玉的日记中只记下了妈妈对自己的严格。她在日记里写道：一次同学过生日，她跑了一天，花了 30 元钱给同学配齐了 4 件礼物，结果回到家里被剋了；还有一次，因为听歌，她被妈妈打了。

小玉的内心是冷漠的，甚至缺乏基本的同情心。她的案子虽然只是个案，但是现在的孩子自私任性、乱发脾气、不知关爱他人、对父母长辈颐指气使的情况却很常见。

其实，没有哪个孩子天生冷漠，没有爱心。孩子缺乏爱心和感恩之心，很可能是缘于父母的教育方式不当。孩子在成长中遇到的很多问题，例如任性、攻击性强、孤僻、霸道等，都与情感发育不良有很大关系。家庭教育一个很重要的任务就是让孩子的内心情感丰富起来。一个孩子有了丰富的情感，才能体会别人内心的感受，才会变得有爱心。

冷漠了他人，也会“冻”到自己

冷漠的孩子心灵是不健康的。孩子如果在小的时候形成了冷漠的心态，长期发展下去，就有可能固化为他的性格特征。以这样的心态生活，对周围的一切人和事都会表现出漠视的态度，不愿意与他人交流，看不到生活中的美好。他们的内心深处势必是孤寂、凄凉和空虚的。

冷漠的孩子心灵是麻木的。孩子小时候对周围的人和事表现冷漠，久而久之，会使他的心灵变得麻木。一个对什么都没有热情和兴趣的人，生活对于他来说是冰冷的，在受到挫折和打击后，很容易万念俱灰，甚至放弃生命。

冷漠的孩子是没有责任感的。孩子对周围的一切采取漠然视之、麻木不仁的态度，会把自己与人群割裂开来。在他们看来，自己和社会、他人是不相干的，所以漠视他人、不关心他人。如此下去，孩子最终会成为一个玩世不恭、消极混世的人，与社会格格不入。

让孩子心中充满爱的情愫

如何让孩子的内心不冷漠呢？下面的故事可以给我们带来一些启示。

一位哲学家带着他的学生坐在一块荒地上休憩。他问学生：“如果一块地长满了荒草，你们如何把荒草锄掉？”

一个学生说：“有铲子就够了。”

另一个学生说：“用火烧。”

第三个弟子说：“撒上生石灰连根烧掉。”

哲学家站起来说："你们回去按照各自的方法锄一片杂草。没锄掉的，一年后再来见我；锄掉的，就不用来了。"

一年后，学生们都来了——他们用自己的方法锄杂草，但是都失败了——令他们惊讶不已的是，上一年相聚的地方如今已经长满了谷子。在谷子地边上立着一块木牌，上面写着："想要根除荒地里的杂草，就在上面种满五谷。"

开垦出来的地不种上庄稼，野草很快就会冒出来。而在地里种上庄稼，并辛勤养护，庄稼很快就会成为这块土地的主人。

这个方法同样适用于教育。在孩子心中播下爱的种子，让孩子的心柔软起来，能够吸收阳光雨露，冷漠就无处藏身。

周丽辉是一位普通的母亲，她的儿子曾经因为偷偷服用一种"止咳水"病倒了，更要命的是儿子已经上了瘾。为了挽救儿子的生命，周丽辉开始四处求医问药。2007 年，她打听到广州有一家专治药物成瘾的医院，于是把儿子送了进去。然而仅仅过了三天，儿子就因为忍受不了药瘾，偷偷从医院逃跑了。自此，母子俩开始了长达数年的拉锯对峙。

直到 2010 年初，儿子终于被母亲感动，开始配合治疗。因为儿子的配合，治疗非常顺利，短短一个月的时间儿子就出院了。出院后，周丽辉依然和孩子形影不离，陪伴他，给他希望。儿子的用药量一天天减少，身体也在慢慢恢复，同时开始了对未来的憧憬。

药物成瘾治疗是一个极其漫长的生理和心理过程，有的甚至要一生与之抗争。儿子出院后，提出"要帮助那些和我一样喝'止咳水'上瘾的孩子"。周丽辉同意了。她辞掉了金融保险部门高级经理的职务，与儿子共同创立了全国第一家关注青少年药物成瘾问题的公益机构——深圳市点点青少年药物成瘾关爱中心。他们希望通过广泛宣传，让更多的孩子和父母认识药物成瘾的危害，呼吁父母更多地关注和陪伴孩子的成长，和孩子一起面对成长过程中遇到的问题。

给孩子一个百宝箱

用心经营情感，对于一个正在成长的孩子来说，就是在储蓄爱的资本。父母要尊重孩子的情感，让他们感受爱、理解爱，他们才能学会爱。

很多孩子都有收集东西的习惯。男孩子喜欢收集邮票、玩具汽车、怪兽的照片、商标、徽章、昆虫，女孩子喜欢收集橡皮、花纸、卡片、书签、好看的小石头。有些父母会责怪孩子收集那些垃圾做什么，甚至偷偷扔掉。事实上，这些在父母眼中没有用处的东西，对于孩子来说却很重要。孩子收集的往往是他们真心喜欢的东西，每样东西都蕴含着特别的意义。通过对这些小东西的喜爱，他们开始体会什么是爱。所以，明智的父母要尊重孩子的这种行为，主动给孩子一个百宝箱，给孩子提供一个能够存放自己喜爱之物的空间，由此开始培养孩子的爱心。

百宝箱是什么样的不重要，可以是父母与孩子一起装裱过的纸箱子，也可以是父母小时候用过的小木头盒子，还可以是母亲废弃不用的化妆箱。有条件的家庭也可以为孩子腾出一个空间作为孩子的“聚宝盆”。

1. 百宝箱中有着孩子对于爱的记忆

比如孩子保存的掉下来的第一颗牙齿，就可以让孩子回忆起自己掉牙的那天发生了什么，父母给了自己怎样的安慰；保存的那朵干花，可以调动起在某个阳光明媚的春日，自己与父母手拉手春游的记忆。

孩子有时会把自己百宝箱中的东西作为礼物送给父母。也许只是一片树叶、一颗石子，但那可能是孩子在春游时发现的第一片最有意思的树叶，可能是他眼中最漂亮的小石子。他小心地保存起来，想要送给妈妈一个惊喜。母亲不能无视孩子的那份情意，要好好地保存起来。这份情意也许就是未来孩子送给父母的一次海外旅游，也许就是孩子长大离家后，父母期盼的一个电话。

2. 让孩子通过实物感受到父母的爱

父母也可以有意识地给孩子的百宝箱填充一些东西，比如孩子婴儿时母亲亲手制作的小帽子、小衣服等。这些物品能让孩子不断感受到父母长辈对自己的爱，增进孩子对父母、家庭的感激热爱之情。

这样也让孩子的生命扎下了根，有枝叶，有蔓，孩子的生命会是丰富的，在他的头脑中会有许多生命历程中的画面。他对这个世界会有着许多的依恋与不舍，生命也就增加了许多的韧性，不会那么脆弱，经不住一点儿的风吹雨打。

3. 让孩子感受家人间的代代传承

每个人都有自己的童年玩物，每个年代的记忆里也都收藏着不同的儿时宝物，代表着不同时代的痕迹。父母也可以把自己珍藏的童年的百宝箱传给孩子。

叶德琳曾经撰文介绍了德国家庭在玩具方面的传承：

> 德国人有一个极好的传统——继承玩具，即便是富裕的家庭也不例外。在跳蚤市场上，很多家庭会去那里拍卖他们的玩具，而购买者当中，也有不少成人。在德国，有些玩具是一代一代增加内容的，比如小火车或者某些牌子的城堡。所以在跳蚤市场上，买家很可能会有意外收获——发现一段铁轨正好是自己坏了的那段，或者发现能配上自己缺少的城堡大门。
>
> 有一次，我婆婆拿出一个箱子。打开一看，竟然都是我先生小时候的玩具。里面有现在依然流行的乐高拼插玩具和 50 多个蓝精灵。各种小动物的衣服一看就是出自孩子之手。婆婆说，这是我先生的手艺。所以，儿子

的旧玩具都是从我先生那儿继承的，甚至还有我婆婆小时候的，有一个雪橇还是先生的外祖父做的呢。

4. 百宝箱的所有权属于孩子

百宝箱专属于孩子，什么东西可以放到里面、什么东西要扔掉都应当由孩子说了算，父母不要私自处理孩子百宝箱里的物品。

现在的孩子有很多玩具，但是当父母觉得孩子已经长大了，提出将一些玩具送给其他小朋友的时候，往往会遭到孩子的拒绝。这并不是说孩子“小气”“自私”。在他的眼里，那不是普通的玩具，而是被孩子赋予了生命的玩伴。妈妈不在跟前，自己感到害怕的时候，是它们陪着自己；心里的悄悄话，它们听到的可能比爸爸妈妈听到的还多。

小小的百宝箱装着孩子的爱，也培养着孩子最初的对于爱的理解与体会。但是要让孩子心中有爱，仅此是不够的，最持久的让人有幸福感的爱，是大爱，是对祖国、社会、人民的爱，父母要将孩子的爱引向大爱。

读亚米契斯《爱的教育》一书中父亲写给亚米契斯的信，我们可以看到父亲如何把孩子的爱由家庭引向社会。信中说：“今天你从老师家里回来的时候，我在窗口看见你撞了一个妇人。在街上走路时要注意啊！……你要记住，街道就是众人的家，在街上遇见衰弱的老人、穷人、抱孩子的妇女、拄着拐杖的跛子、背重东西的人、穿丧服的人，都要恭恭敬敬地给他们让路。对于年长、不幸、母亲、劳动和死亡都应当表示敬意。看见有人快被车子碾轧时，如果他是孩子，你就上去救他；如果是大人，你要提醒他小心。看见小孩子哭，要问他原因；看见老人掉了拐杖，就替他拾起来……要注意研究你所居住的城市，研究这个城市的每一条街道。假如有一天你得客居他乡，要是你能够清楚地记得故乡城市的每一条街道、每一处房屋、每一棵树木和花草，那是多么快乐的事情啊！这个城市是你出生的地方，是你多年来的世界。你曾在这里随着母亲学步，尝过初次的热情，形成了初步的思想，结识了最初的朋友。这地方就是你的母亲，她教过你，爱过你，保护过你。认真地研究这城市中所有的街道和她的居民吧！要爱她，当她受到侵犯的时候，要去保卫她。”

但丁说：“爱是美德的种子。”

雨果说：“人间如果没有爱，太阳也会灭。”

让孩子做一个心中有爱的孩子吧，那将是一个美好的过程，也会有一个美好的结果。

延展阅读

孩子眼中的爱

阿根廷曾经有过这样一个活动，一组专家向一些 4—8 岁的孩子提问：“爱是什么意思？”

孩子们的回答各种各样，天真稚语中透出爱的真谛。

我的祖母得了关节炎，她不能弯腰给自己的脚趾涂指甲油了。所以祖父就帮她涂指甲油，一直到他也得了关节炎，他还这样做。这就是爱。

— Rebecca，8 岁

爱就是一个女孩洒上香水，一个男孩洒上香水，然后他们一起出去，互相闻对方。

— Karl，5 岁

爱就是你出去吃饭时，把自己的薯条都给了一个人，而不要求他把自己的给你。

— Chrissy，6 岁

爱就是累的时候让你笑起来的东西。

—Terri，4 岁

爱就是当我妈妈为爸爸煮咖啡时，在端给他之前先尝一尝，来确保味道是好的。

—Danny，7 岁

爱就是在圣诞节，当你停止打开礼物，静下心来倾听时，在房间里伴随你的东西。

—Bobby，7 岁

爱就是当你告诉一个人你喜欢他的衬衫，他就天天穿着。

—Noelle，7 岁

在我的钢琴演奏会上，我在舞台上非常害怕。我看着台下的所有观众，看到爸爸对我招手微笑。只有他在这样做。我不再害怕了。

—Elaine，5 岁

爱就是当妈妈看到爸爸浑身是汗时，还说他比布拉德·皮特更帅。

—Chris，7 岁

爱就是即使把你的猫关在家里一整天，回来时它还是舔你的脸。

—Mary Ann，4 岁

当你爱一个人时，你的眼睫毛眨呀眨的，小星星就从你的眼里出来了。

—Karen，7 岁

只有当你真的爱一个人时，才能说“我爱你”。并且如果你真这么想，你就应该多说“我爱你”。大人们总忘记这一点。

—Jessica，8 岁

10

陪孩子一起制作一本家庭相册

——让孩子成长的家庭环境更丰富

家庭是一项社会发明，其任务是将生物人转化为社会人。

——美国著名社会学家 W•古德

让孩子在家族成员组成的亲人社会中去体验人际关系，就在三口之家与陌生人社会之间搭建了一个过渡平台，让孩子能更好地适应社会生活。

爱孩子的人越多，孩子的安全感就越强，情感支持系统也越强大。

家庭是孩子成长的第一个集体，也是孩子生活于其中的第一个小社会。在这里，他们通过观察群体生活，了解人与人之间应当如何相处，了解群体生活需要遵守的基本行为规范。社会发展到今天，父母与孩子两代人组成的核心家庭越来越多，孩子在家庭中体会到的关系越来越简单，在家庭中能够学习到的社会规范、人与人之间的相处模式越来越单一。

面对这种社会现实，更需要父母努力学习正确的教育方法，修正自己的教育行为，给孩子营造健康的成长环境。聪明的父母可以把孩子的生活从家庭引向家族，在横向上可以辐射到孩子的姑姑、叔叔、姨妈、舅舅等家庭，在纵向上可以让孩子了解家庭的昨天与前天。这样不仅克服了现代家庭规模小、孩子在家庭中体会到的人际关系相对单一的问题，还能给孩子提供更丰富的成长环境，培养孩子的家庭观念、家族观念，让孩子在家庭中学到更多的东西。

制作家庭相册

1. 每年在同一时间给孩子照两张照片

父母要在每年的同一时间，比如孩子生日这一天，给孩子照两张照片：一张是孩子的单人照，一张是全家福。

全家福最好照全身站立的，这样可以通过孩子与父母的对比，看到孩子身高的变化。同时也能看到，父母与孩子之间一种生物上的交换：孩子一天天长高了，父母一天天变矮了；

孩子一天天长大了，父母一天天变老了。当孩子看这些照片的时候，可以体会到父母与子女之间的联系，体会到父母的爱和付出。

2. 相册中要有所有家族成员的照片

许多父母从孩子出生时，就不停地给孩子拍照，很多孩子都会有一本厚厚的相册或是电子相册，里面是孩子各种表情、姿势的照片。这样的相册是留给谁看呢？是留给孩子吗？等到有一天孩子独自看相册的时候，会不会觉得自己很孤单呢？

孩子的成长瞬间确实值得留念，但从有利于孩子成长的角度来说，还需要丰富相册的内容。家庭的相册中要有爸爸妈妈、爷爷奶奶、姥姥姥爷的照片。父母要注意收集家族成员的照片，在聚会的时候要有意拍下一些合影。

家庭相册可以制作成电子版的，配上音乐、拍照时间、情景说明。这个工作年龄大一点儿的孩子可以参与，让他们和父母一起选音乐，一起翻拍照片。

在这个过程中，父母可以与孩子一起谈论家庭成员，回忆家里的老人，讲讲自己小时候的趣事，回忆父母对自己的爱。给孩子看看父母儿时的照片，让孩子意识到父母也曾经是个孩子，是祖父母的心肝宝贝。

3. 家中要挂家人的照片

家里挂图画、挂书法作品会让家有书香气，但是，建议家里能有一个挂家人照片的地方。照片有着家的味道，是孩子离家时对家的思念的一部分。一进家门，透过一张张家人的照片，孩子会知道这是自己家独有的，意识到自己回家了，会有安全感与归属感。

让孩子了解家庭的历史

很多家族有着迁移的轨迹，有的甚至关联到国外。许多人的居住地并不是出生地，很多人生活在城市，他们的父母还生活在农村。父母一定要让孩子了解这些。家庭史也反映出社会和时代的变迁，了解这些内容会让孩子觉得比在课堂上学历史有趣得多，也许会使孩子从此喜欢上历史。

2012 年 10 月的《祝你幸福·最家长》杂志刊登了《追寻家族史成长的 90 后少年》一文。文章介绍了少年雷宗兴的故事。他通过探索自己家族的历史，改写了被扭曲的家族记忆，把全家人从一种负罪的心理状态中解救出来，并且由此爱上了历史。通过寻找家族的历史，孩子可以汲取力量，也可以由此找到自己的根。

1. 让孩子知道家的来龙去脉

曾有人问一个孩子:“你爷爷姓什么？”孩子的回答是:“我爸爸没告诉我。”这可能算不上笑话，很多孩子可能不太了解“姓”是什么，爷爷和自己是什么关系。

父母要对孩子进行这方面的教育。让孩子知道自己是从哪里来的，为什么定居在这里，为什么这个家族的人都姓李或者姓张。父母可以和孩子一起查阅相关资料，或是收看此方面的电视节目，让孩子了解姓氏的起源。这对孩子是非常有意义和有趣的事情。知道这个家族的祖先来自什么地方，还可以带孩子到这个地方去走走看看，了解这个地方的风土人情和历史故事。如果孩子还有探询下去的愿望，可以祖父、祖母、外祖父、外祖母为线索，了解更多的信息。父母还可以帮助孩子收集家族中一些有意义的物品留作纪念。

为了帮助孩子更好地认识家庭结构，父母可以鼓励他做一棵“家庭树”，体现出各代传承关系，比如祖父母生了几个孩子，分别是谁；到父亲这一辈，再到自己；告诉他堂兄堂妹、叔叔婶婶分别在树的什么位置。这些事情可以加强他的家庭归属感，帮助他理解家的概念。父母还可以给孩子讲讲家风、家庭的传统、家庭中有趣的人。

2. 让孩子参与祭拜逝去的亲人

清明节是祭拜逝去的亲人的时间。父母在孩子上小学后，就可以让孩子参加这种仪式了。这样做一方面可以让孩子了解那些逝去的亲人，表达对他们的思念之情；另一方面，可以对孩子进行生命教育，让孩子体会到生命留存的方式：一代传一代。

3. 带孩子回老家

父母可以在节假日的时候带着孩子一起回老家，带孩子去看看自己小时候就读的小学，也可以带着孩子拜访一下自己小时候的玩伴。更重要的是，要让孩子与家里的老人接触。这么做不只是为了慰藉老人思念儿女的心，对于自己的孩子来说，也是有所收获的。家里有老人是孩子的一笔宝贵财富。孩子与老人接触，对于孩子更多的是获得。

有些父母嫌农村的生活条件不好，不太情愿让自己的孩子回去看生活在农村的爷爷奶奶。这是一种对教育资源的浪费。对于孩子来说，农村的生活会给他一种新鲜感，也能学到很多东西。

4. 对家里的老人做一次“长辈研究”

现在的孩子往往对自己的父母都缺乏了解，更不要说了解自己的祖辈了，父母可以带孩子做一次“长辈研究”。

首先，父母可以与孩子一起拟出一些问题，比如：

您的生日是哪一天？

您出生在哪里？

您有几个兄弟姐妹？

您生了几个孩子？

您上的是什么样的学校？

您上过几年学？

您在上学的时候干过的最疯狂的事是什么？

您小时候最爱干的事是什么？

您在学校最喜欢上什么课？

您最喜欢看的电影是什么？最喜欢的书、食物、电视或广播节目是什么？

您的第一份工作是什么？

您在成长过程中感到最害怕的事情是什么？

您在孩子出生时心情是怎样的？

……

接下来，让孩子邀请祖父母接受一次采访。如果可能的话，把采访过程用录音机或摄像机记录下来。采访结束后，父母要帮助孩子整理记录，把整个故事写下来。如果祖父母留存有一些各个时期的照片，也可以用图文的方式做一个 PPT 幻灯片，然后配上音乐。

给孩子提供与大家庭成员联系的机会

一家三口这样简单的家庭关系可能让人们少了许多的应酬，但同时也少了许多的快乐；可能少了一些麻烦，但是也让人们的情感支持系统薄弱了许多。过去的孩子如果在妈妈这儿受了委屈，可以到姥姥家去寻求支持；不敢对妈妈说的话，可以对自己的小姨说。现在孩子与父母成了单一的关系，如果父母的教育方法是错误的，孩子就无处可藏，父母与子女之间也缺少了缓冲的空间。

父母一定要让孩子置身于大家族之中。自己的家是一个小社会，而家族是一个扩大了的家庭社会。对于孩子来说，一下子从一家三口的社会关系中迈入陌生的成人社会，将会面临很大的挑战。如果让孩子在家族成员组成的亲人社会中去体验人际关系，在三口之家与陌生人社会中间搭建一个过渡平台，就可以让孩子更好地适应今后的社会生活。

在大家族成员组成的小社会中，人们有着多种职业，孩子可以对社会有更多的了解。各个家庭的生活水平可能是不一样的，孩子由此可以了解到社会的多样性，知道有比自己穷的人，也有比自己富的人；有比自己聪明、比自己学习好的表姐，也有比自己学习成绩差一些的表弟。家里有老人，也有新生的婴儿，自己在家族中的位置也在发生着变化。在这样的社会中，孩子的角色是多元的：爸爸妈妈的儿子，爷爷奶奶的孙子，外公外婆的外孙，表弟的表哥，姨妈的外甥。孩子在这样的社会关系中，感受到的是一个相对完整的小社会。

1. 经常与大家庭成员保持联系

父母要让自己的孩子经常与家族中的其他人保持联系，节日的时候给家里的老人打打电话。父母不要嫉妒孩子的爷爷奶奶、叔叔姑姑对孩子的爱，更不要因为孩子爱自己的奶奶而感到失落。孩子给他们的爱并不是从给父母的爱中分割出来的，而是另一份爱。如果孩子不爱他们，这份爱也并不会加到父母身上。而且，这种爱会使孩子得到的爱更丰富。爱孩子的人越多，孩子的安全感就越强，他们的情感支持系统也越强大。当孩子遇到什么问题，或是到了青春期与父母沟通不畅，甚至与父母发生冲突离家出走的时候，他们也有地方可去，有可靠的人可以倾诉，有人可以代替父母的角色，把一些父母没有机会说的话说给孩子听。

2. 组织大家庭聚会

可以不定期地组织一次大家庭聚会。组织聚会时，大家庭成员可以每个人承担适当的任务，也可以轮流充当组织者。父母一定要尽量让孩子参与进来，让他们承担一些力所能及的任务。比如可以分配给孩子一台照相机，让孩子在聚会过程中采访一些不熟悉的家庭成员。聚会完毕后，收集这些采访资料，将采访稿打印出来，冲洗照片，并制作一个纪念册，送给每个家庭一份复制品，留作纪念。

3. 建立一个家族联系的平台

家族比较庞大、人员比较多的，可以建立一个家人之间联系的平台。比如可以建立家族微信群、家族 QQ 群，大家时不时可以打个招呼，聊一些共同关心的话题。

这样的平台可以把生活在各地的家人都集结起来，形成一个小社会。

通过这样的形式，家就变大了，孩子在家中的历练会更多，收获更多，人情味更浓，安全感也更强。

11

召开一次孩子参与的家庭会议

——民主型家庭的孩子成才率最高

民主使每个人成为自己的主宰。

——美国作家、批评家
詹姆斯·拉塞尔·洛威尔

通过家庭会议，让孩子对家庭事务有参与权、表达权，一方面体现了家庭对孩子的尊重；另一方面，因为孩子参与其中，对于会议形成的决议也会有责任感。

家庭会议上的发言，最好按照年龄优先的原则，谁年龄最小谁先说，让孩子可以表达自己的真实意图。

家庭会议，是指在家庭范围内，全家人一起开会讨论问题、解决问题的会议。因本书探讨的是家庭教育问题，所以此处的家庭会议主要是指有未成年的孩子参与的家庭会议。会议内容、程序、原则等的探讨也侧重在因为有孩子的参与而需要注意的一些问题上。

用家庭会议的方式处理家庭及家庭成员要解决的问题，好处是多方面的。

对于有未成年孩子的家庭来说，召开家庭会议是亲子沟通的有效方式。定期的家庭会议提供了全家人一起建立规则、计划家庭娱乐、分享美好经验的机会，有助于建立良好的亲子关系，促进家庭的和谐。

孩子做事情的规则可以在家庭会议上讨论形成，孩子出了问题应当如何承担责任，也可以在家庭会议上形成决议。这就建立了一个良性的沟通方式。这样即使通过的决议不是孩子想要的结果，孩子的提议被否决，他也会因为那是家庭集体的决定，不会把矛头对准父母中的某个人。

家庭会议是孩子参与家庭事务的有效途径。通过家庭会议，让孩子对家庭事务有参与权、表决权，一方面体现了家庭对孩子的尊重；另一方面，因为孩子参与其中，对于会议形成的决议也会有责任感。

召开家庭会议还可以培养孩子的决策能力和表达能力。会议中大家各自发表不同的意见，如何才能说服他人，做一个决定应当考虑哪些影响因素，等等，孩子会有亲身的体验。孩子的决策能力和表达能力会由此得到提高。

家庭会议是家庭民主的一种体现形式。研究发现，民主型家庭的孩子成才率最高。在民主型家庭中，父母与子女相亲相爱，互相尊重，有充分的思想和情感交流。这种家庭培养出来的孩子容易养成开朗、自信、积极的心态和开拓、自制、灵活的思维习惯。

家庭会议的基本程序

第一次的家庭会议可以对家庭会议由谁提出召开、会议主题如何产生、多久召开一次、会议主席如何确定、会议持续时间、开会地点等一系列问题进行规定。

家庭会议的基本程序：

1. 会议主席先说明当日会议要讨论的问题。

2. 由问题提出者对自己的问题进行陈述。

3. 会议参加者对问题进行讨论，各自发表意见。

4. 形成决议。主席做摘要性总结，提出本次会议重点与决定，并征得全体参会成员的认可。

5. 落实决议。会议结束后，将决议打印出来贴在家中显眼的地方，或是发给每个人一份，以示郑重。

如果有时间，会议的正题说完以后，可以来一些余兴节目，或享用美食，或是由孩子述说一个新闻事件，或是由妈妈朗读一篇美文，或是由爸爸提出一个时事问题进行讨论。此阶段的任务可以事先安排由一个人具体负责。

召开时间。每周一次（根据家庭情况决定，也可以是半个月一次或是有人提议的时候召开）。

议题产生。会议可以有一个常规的议题，比如民主生活会，也可以是某个人提出议题。

会议主席。采取轮换制，每次会议结束的时候确定下一次会议的主席。

讨论原则。决议由少数服从多数的方式形成。家庭会议形成的决议在家庭范围内有效力，不能由某个人随意更改。如果执行过程中发现有问题，可以重新召开会议讨论。

召开地点。家庭会议可以在家中召开，最好相对固定。也可以在室外召开，比如郊游的时候，在草地上席地而坐，会议就可以开始了。

家庭会议的内容

1. 通报家庭重大事件

把家里近期已经发生或是将要发生的事情向全家人通报。比如家里有人失业了，家里有人生病了，家里经济上出现了一些问题，等等，都应当在会上向家庭成员通报说明。有些父母觉得让孩子知道家里面临的一些困难，会让孩子有压力，其实不然。如果家庭有变故却不向孩子说明，孩子也会从父母的言行中察觉到异样，会感到不安，还有被家庭排斥在外的感觉。

发生问题是生活中常有的事。任何人的一生不可能什么坎坷都不经历。是否构成对孩子的负面影响，不在于事情本身，而在于父母如何面对这件事情。如果是父（母）失业了，可以向孩子说明为什么会失业，然后再乐观地向孩子展示自己准备如何再找一份工作，告诉孩子问题一定会解决的。父母这种面对挫折的态度恰恰是向孩子展示应当如何面对生活中的不顺利。

2. 制定规则

孩子需要规则，但是规则不能强加给孩子。规则的制定可以通过家庭会议形成。比如孩子上学后，看电视时间需要减少，全家人要坐在一起讨论一个规则：孩子每天能看多长时间的电视，看哪些节目，父母是不是可以随便看电视，在此方面应当有哪些自我约束，等等。

3. 解决争执

孩子与父母之间在某些问题上肯定会有不同的意见。比如在作息时间上，孩子希望每晚 10 点半睡觉，妈妈觉得 10 点必须上床。可以通过召开家庭会议进行充分讨论，孩子可以把自己的意见表达出来，其他家庭成员给予解释，最后达成一致意见。孩子参与了决定的形成，有了自主的感觉，接受起来也比较容易。

4. 做出选择

家里要买大件物品，如房子、车子、大型电器等，都应当在家庭会议上讨论，可以就买不买、买什么样的进行讨论；家里的房子装修成什么风格，做一个什么样的预算，也应当是家庭会议的内容；父母换工作、孩子上什么样的学校，也不能只是父母说了算，要听听孩子的意见；决定假日去做些什么更要让孩子参与。

5. 讨论提案

家庭成员个人有一些在家人看来是计划之外的请求，比如孩子想买一个名牌手机，妈妈觉得可以考虑，但是父亲坚决反对，此时孩子就可以提出议案，在家庭会议讨论。

6. 过民主生活

生活在一起，家庭成员之间可能会积累很多问题。这些问题如果不及时解决，终有一天，也许一件微不足道的事就成了引爆情绪的导火索。如果情绪爆发者是父母，会让孩子不知所措；如果情绪爆发者是孩子，对于父母提出的过高要求不满意，或是对于父母与自己的交流方式不满意，但是又不敢表达，也许有一天会发生离家出走之类的事情。

把民主生活作为家庭会议的一项内容，定期沟通彼此的意见，就能及时解决问题，避免发生一些不好的事。

7. 召开专题会议

一个德国家庭曾经因为孩子粗暴地将一个上门乞讨的流

浪者驱赶出门而召开了家庭会议，为此住在百里之外的爷爷奶奶也赶来了。在家庭会议上，大人们严肃而又耐心地启发孩子：流浪者尽管穿得邋遢，但他们同样是人，同样享有人的尊严。让孩子明白：同情弱者是一个人美好心灵的体现。孩子们接受了大人的意见，认识到了自己的问题，并且提出，邀请那天驱逐的流浪者到家里来做客，大人们一致同意。

召开家庭会议需要注意的事项

1. 父母不能扮演“独裁者”的角色

采用家庭会议的形式解决家庭中的一些问题，目的在于对父母独裁意识的限制，让家庭成员之间的沟通更加平等，培养理性沟通的氛围。在讨论的过程中必须遵守的一个原则是民主表决。如果家庭会议不给孩子说话的机会，仍然是父母说了算，或是父母中的一方说了算，家庭会议就失去了它应有的作用。

一名五年级的小学生记录了自己家召开的家庭会议。

> 我家隔三岔五地就要开家庭会议，主角嘛，当然是我。如果会议是在和平友好的气氛下进行，我不反对。可是最近有点儿烦，协商会议演变成“批斗会”，继而转化为“帮教会”。
>
> 事情的经过是这样的。我是一个超级电脑迷。按妈妈的话说，我已经到了走火入魔必须挽救的地步。于是，一场决定我“命运”的家庭会议就在我极不情愿的情况下召开了。大家刚入座，妈妈就直奔主题：“学生就应该以学习为主，如果你再不克制自己，你的前途就从此毁掉了！”爸爸在一旁帮腔：“我同意妈妈的观点，少壮不努力，老大徒伤悲。”我听了不服气：“我的学习成绩一向

可以，为什么不能在休息时间放松放松？”妈妈终于火了：“什么叫放松放松？想放松可以打篮球、可以骑单车，玩电脑游戏只会让你精神更紧张！”爸爸也一板一眼地说：“你已经是大孩子了，相信你应该明事理了。”

如果会议是以这样的形式召开，孩子烦是正常的。

为了限制父母的独裁，家庭会议上的发言，最好按照年龄优先的原则，谁年龄最小谁先说，让孩子可以表达自己的真实意图。

在家庭会议中，父母与孩子应当同票同权，即父母的一票与孩子的一票代表的分量是同等的。

2. 不能只讲孩子的学习问题

下面描述的是一个不成功的家庭会议。

今天，开完家长会回来，我们开了家庭会，主要是我和爸爸听妈妈讲以后的要求。

妈妈先讲了数学，主要内容讲了：

（1）要认真听讲，不能东张西望。

（2）书写认真，握笔姿势要正确，数字要占满格。

（3）当天作业当天完成。做作业的时候不能上厕所、喝水、玩、吃东西。做作业的时候如果计时，就要看看需要做多长时间，比如要做20分钟，就要在20分钟以内做完。

（4）做练习册和试卷的时候，错了的话，就要在卷面上改题，不能光改最后的答案。

妈妈第二个讲的是语文……

最后讲的是英语……

开会谈的完全是孩子的学习问题，而且没有给孩子说话的机会，只是父母在说。父母说的是改进的措施和要求，没有孩子的参与，孩子能够很好地实施吗？

3. 注重形式的严肃性

家庭会议召开要严肃认真，电视机要关掉。如果没有十分重要的事情，父母的手机最好先设置为静音放到一边，开会期间不要接打电话。

家庭会议的各项程序要按照规定来。不要觉得会议开得太严肃不适合孩子，其实孩子能接受正式的形式，会觉得自己像个大人了。

对于会议的结果，不管是不是父母所期望的，既然是会议决定的，参加会议的成员都应当遵守。

4. 遵守会议时间

定好的时间父母一定要遵守。会议时间不宜超过一个小时。如果有的问题讨论不出结果，或是陷入僵局，可以另择时间再召开一次会议，也让大家有机会冷静情绪，对需要讨论的内容作进一步思考。

孩子越小，会议时间应当越短。

成功的家庭会议需要每个家庭成员愿意发现自己的错误，愿意改变自己以及尊重别人。同时也需要有勇气不断调整，而且对其他的家庭成员充满信任。

最后，要特别提醒的是，家庭会议提供了家人沟通的渠道，但并不能解决家庭中的所有问题，也不是什么问题都需要开会解决。

视频推荐

如果您想在家里开个家庭会议，不妨先看看日本动画片《樱桃小丸子》“家庭会议”这一集，可以了解一些家庭会议中容易出现的问题，事先有个思想准备。

12

当孩子走到重要的人生关口时，给孩子写一封信

——抓住教育的关键期

一个明智的人总是抓住机遇，把它变成美好的未来。

——英国军事理论家
托·富勒

书信写出人生感悟。

书信表达对孩子的爱与思念。

书信化解亲子间的冲突。

一天晚上，在经历了一个特别难熬的白天之后，我怒气冲冲地跑回房间，狠狠地摔上房门，倒在床上。当我的手指滑到枕头下面，那儿有一个信封。我把它拉出来，看到信封上写着“当你孤独的时候，读一读它”。

既然我是独自一人，那么反正不会有人知道我是否读过它，于是我就打开它。只见上面写着:“迈克，我知道你的生活现在很艰难，我知道你很失落，我知道我们做的事都不合你的心意。我也知道我全心全意地爱你，不管你做什么或者说什么，都不会改变这一点。如果你需要和人交谈，我会随时奉陪；如果你不想，也没关系。我只是希望你能知道，不管你去哪里，不管你做什么，在你的一生中，我永远爱你，永远以你是我的儿子而骄傲。我会永远站在你的背后支持你，我会永远爱你，这一点永远不会改变。爱你的，妈妈”。

那是“当你孤独的时候读一读”的信中的第一封。在我成年之前，他们从没有在我面前提起过这些信。

……

在我十七八岁的时候，我知道我之所以被爱不是因为我杰出，而是因为我是妈妈的儿子！那些信就是最可靠的保证。在我入睡之前，我为我的妈妈知道什么是我——一个十几岁叛逆的孩子所需要的理解而心存感激。

这是美国的迈克·斯图沃尔写下的《枕头底下的信》一文

中的内容。13 岁的时候，进入青春期的迈克·斯图沃尔性格变得暴躁、反叛，对父母所说的每一件事都持逆反的态度。他像很多处于青春期的孩子一样，认为自己长大了，不再需要别人对自己该做什么指指点点，也不需要他人给自己的爱意表达，甚至对提到“爱”这个字都感到很愤怒。

面对这样一个可以说是“油盐不进”的孩子，他的父母给他写了第一封信，并把信放到他的枕头下面。迈克·斯图沃尔读了，读进去了。这种方式让他理解了父母对自己的爱并没有什么附加条件，让他知道父母对自己并不是一无所知。亲子之间的隔膜打破了。

亲子之间以通信的方式进行交流并不是什么创新。家书作为书信中最具特色的文学形式，迄今已有两千多年的历史。其间出现了许多名篇佳作，很多家书至今仍有极强的生命力。清代有曾国藩家书，近代有梁启超写给孩子们的信，革命年代有革命者写给自己孩子的信，当代有《傅雷家书》、龙应台的《写给亲爱的安德烈》。近期有报道，一位父亲在儿子留学期间给儿子写下了 200 多封信。

也许并不是所有的父母都需要这样的表达方式，也不是所有的父母都能够洋洋洒洒写出万字甚至几十万字的家书。现在的大多数父母都与孩子生活在一起，空间上与孩子并不遥远，再加上通讯方式的多样化，人们对于写家书的需求越来越少。但是在孩子一些重要的人生阶段，在孩子面临人生重大转折的关口，如果父母能够提起笔，认真地给孩子写下一些文字，会让孩子有一份郑重感，更加重视父母对自己的期望。

书信写在孩子人生的重要关口

一个人的人生中总有一些关键点，也就是有几步对一生有着重要的意义。在孩子将要踏出这几步之前，父母最好能够给孩子一些叮嘱。父母最好把它写下来，孩子想看的时候可以随时拿出来看一看。

一般来说，父母至少应当在如下几个时间点给孩子写一封信：

1. 女孩第一次来月经

女孩子第一次来月经，是孩子进入青春期的重要标志。父母在这个时候要给孩子写一封信，告诉孩子月经对于一个女性的意义；告诉孩子一些处理月经的知识，让孩子学会保护自己；让孩子认识到这个生理变化也意味着自己有了更多的社会责任。

一位母亲就曾经给女儿写了这样一封信：

> 少女初潮是一种正常的生理现象，也是一件具有特殊意义的大事。它标志着你的身心开始逐渐发育成熟，标志着一个女性具有了孕育婴儿、做母亲的资格。正是从这个意义上讲，有人称少女的初潮是女性生命史上的里程碑，值得祝贺。
>
> 在月经期间你的身体会感到有些不适，如小腹会有下坠感或伴有腰酸等症状，有时候肚子还会痛，这都是很正常的。在此期间你要注意卫生，保持外阴卫生。卫生巾要常换。适度的文体活动可以参加，但不要做剧烈运动，另外要避免吃生冷刺激的食物。
>
> 女孩子的初潮代表着一种成熟和成长，你的仪表、语言、心灵将更加美好。你应该更自豪、更自信地与异性交往，但是切记要学会把握好尺度，不要让自己受到伤害。

同样，当男孩子第一次出现梦遗的时候，父亲也要给儿子写一封信表达祝贺，并告知一些注意事项。

孩子进入青春期，独立性越来越强，此时给孩子写一封信，讲一些相关的道理，不仅会让孩子对于自己即将面临的生活有一定的认知，也有利于良好亲子关系的建立，让父母与孩子顺利度过青春期。

2. 家里发生重大的事件

家里发生了一些重大事件，或是父母的工作有重大变动的时候，一定会对孩子的生活产生影响，也可能给孩子的成长带来冲击。父母不要隐瞒事实或歪曲真相，孩子也有自己的理解力、判断力，父母要以合理的方式来告诉孩子。美国总统奥巴马在2009年1月就职典礼举行前夕，给自己的两个女儿写了一封信：

> 爸爸年轻的时候，曾认为生活的全部内容只有我自己，以为生活的全部意义就是怎样才能在世界瞩目下闯荡出一条属于自己的路，一条成功的路，一条能够得到我想要的一切的路。但是到了后来，你们俩先后来到我的世界。你们对一切充满好奇的眼神、你们淘气的样子，还有你们的微笑填满了我整颗心，也照亮了我的人生。一时间，我突然意识到，我以前为自己制定的宏伟蓝图，似乎变得不再重要了。
>
> 我发现，你们的快乐才是我一生中最大的快乐。我觉得如果我不能给你们带来快乐和幸福，不能满足你们的渴求，那么我的生命没有任何价值可言。孩子们，这就是爸爸为何会竞选总统的原因：为了你们，为了全美国的每个孩子。
>
> ……
>
> 爸爸为你们俩感到骄傲。你们可知我有多么爱你们。就在我们准备一起入住白宫，开启生活新篇章的时候，你们表现出了应有的耐心、恬静、优雅和幽默。在这里，我要说一声谢谢。

3. 当孩子遇到挫折

如果孩子遇到一些小挫折，不愿意和父母谈，父母也可以采取写信的方式，告诉孩子挫折是什么、如何应对挫折。美国大富豪洛克菲勒曾经给儿子写信，谈如何对待挫折：

> 人人都不喜欢失败。然而，一旦避免失败变成你做事的动机，你就走上了怠惰无力之路。这非常可怕，甚至是种灾难。因为这预示着人可能要丧失原本可能有的机会。
>
> 害怕失败就不敢冒险，不敢冒险就会错失眼前的机会。所以，我的儿子，为了避免丧失机会、保住竞争的资格，我们支付失败与挫折是值得的！

书信写出人生感悟

随着孩子年龄的增长，父母与孩子交流的深度可以增加，可以与孩子谈谈人生，包括自己人生沉淀下来的一些感悟，孩子会从中受到有益的启发。

1. 居里夫人：告诉孩子要自立

法国物理学家、化学家玛丽·居里一生两次获得诺贝尔奖。总结自己的人生经验，她深切地给孩子们写道：

> 自立，是每一个志存高远者必备的品质，而模仿和依靠他人只会导致懦弱。力量是自发的，不依赖他人。坐在健身房里让别人替我们练习，是无法增强我们自己肌肉的力量的，没有什么比依靠他人的习惯更能破坏独立自主能力的了。如果你依靠他人，你将永远坚强不起来，也不会有独创力。要么独立自主，要么埋葬雄心壮志，一辈子做个仰人鼻息的人……

2. 梁启超：告诉孩子如何学习

父母也可以把自己做学问的一些经验与孩子分享。

梁启超在给长子梁思成的信中曾经指出："凡做学问总要'猛火熬'和'慢火炖'两种工作循环交互着用去。在慢火炖的时候才能令所熬的起消化作用融洽而实有诸己。思成，你已经熬过三年了，这一年正该用炖的工夫。不独于你身子有益，即为你的学业计，亦非如此不能得益。"

3. 梁继璋：告诉孩子人生应当记住的一些事

香港知名电台节目主持人、作家梁继璋通过书信告诉自己的儿子，让他好好记住如下的事：

（1）对你不好的人，你不要太介怀。在你一生中，没有人有义务要对你好，除了我和你妈妈。至于那些对你好的人，你除了要珍惜、感恩外，也请多防备一点。因为，每个人做每件事，总有一个原因。他对你好，未必是因为真的喜欢你，请你必须搞清楚，而不必太快将对方看作真朋友。

（2）没有人是不可替代，没有东西是必须拥有的。看透了这一点，将来你身边的人不再要你，或许失去了你最爱的一切时，也应该明白，这并不是什么大不了的事。

（3）生命是短暂的，今日你还在浪费着生命，明日会发觉生命已远离你了。因此，愈早珍惜生命，你享受生命的日子也愈多。与其盼望长寿，倒不如早点儿享受。

（4）世界上并没有最爱这回事，爱情只是一种瞬时的感觉，而这感觉绝对会随时日、心情而改变。如果你的所谓最爱离开你，请耐心地等候一下，让时日慢慢冲洗，让心灵慢慢沉淀，你的苦就会慢慢淡化。不要过分憧憬爱情的美，不要过分夸大失恋的悲。

（5）虽然，很多有成就的人士都没有受过很多教育，但并不等于不用功读书就一定可以成功。你学到的知识就是你拥有的“武器”。人，可以白手兴家，但不可以“手无寸铁”，切记！

（6）我不会要求你供养我的下半辈子，同样的我也不会供养你的下半辈子，当你长大到可以独立的时候，我的责任已经完结。以后，你要坐巴士还是开奔驰，吃鱼翅还是粉丝，都要自己负责……

书信表达对孩子的思念与爱

有时候，父母由于工作或是生计的原因，会有很长一段时间不能和孩子生活在一起。这个时候，写信便成为一种重要的沟通方式。有些父母坚持给孩子写信，这样孩子不会感觉到父母在生活中的缺失，也给孩子留下了很多美好的记忆。

对于很多父母来说，可能会有那样温情的时刻，孩子的一句话、一个表情、一个动作、做的一件事情忽然触动了父母的情感，让父母有了一些感慨，父母可以用笔把那美好的瞬间记录下来，写给孩子，让孩子与自己的心灵有一次交汇的机会。这样的交汇多了，心会变得柔软，彼此之间的距离也会更近。

《小艾，爸爸特别特别地想你》是著名漫画家丁午在“文革”中到河南干校期间写给女儿的信结集成的一本书。那时，他想念留在北京的 8 岁女儿，就用写信来寄托感情。由于女儿年龄小认不了几个字，他就借用自己是个漫画家这个有利的条件，把要写的画出来。

这些信每一封几乎都是以“小艾，爸爸特别特别地想你”开头，最多的甚至用了七个“特别”。信的内容主要是父女之情的表达和对干校劳动生活的描述。为了女儿，他总是在艰难的生活中搜寻有趣的场景：割麦子时突然飞出一只野鸡，在野鸡待过的地方发现七八个野鸡蛋；给猪打针时，揪着猪的尾巴满院子跑；冬天，远方的一棵树上竟然长满了叶子，走近一看，原来是一群小鸟停在树枝上……他把这些都写下来、画下来，寄给远方的小艾。他写道："有一天爸爸晚上值班看菜，天上有个月牙，爸爸好像看见小艾就在月牙上笑哪！爸爸就唱了好些小艾喜欢听的歌，你听到了吗？"

书信化解亲子间的冲突

人在一起相处，矛盾是不可避免的，亲子之间也是如此。发生矛盾时，如果彼此将不同的想法表达出来，并且积极去沟通解决，孩子与父母就都进步了。如果矛盾不及时解决，彼此的怨气积压，有一天就会大爆发。

青春期的孩子有时暴躁得不可理喻。由于父母有着年龄优势，在与子女的交流中容易失去理智。这个时候，父母可以给孩子写一封信，达到沟通双方、化解矛盾的目的。

进入电子时代，虽然父母也可以用短信的方式表达这些内容，但还是建议父母最好写在纸上。一方面可以让孩子时时看到，另一方面也便于保存。那也许会成为孩子保存一生的精神财富，不仅能让孩子感受到父母的爱，接受父母的教诲，也会成为亲子间情感的黏合剂，让孩子看到"父母的爱就写在那里"。

小贴士

父母与孩子通信"四不要"：

1. 不要强迫孩子看你写给他的信。

2. 不要主动问孩子看信后的体会。

3. 不要强迫孩子给父母回信。

4. 不要对孩子说"我在信里不是跟你说了吗？你怎么还……"

信发出了，只当扔了一个漂流瓶，孩子什么时候捡起来，那是孩子自己的事。

13

家中多一个闹钟，孩子多一分责任心

——让孩子学会对自己的事情负责

凡儿童自己能够做的，应该让他自己做。凡儿童自己能够想的，应该让他自己想。

——教育家　陈鹤琴

选择什么样的小闹钟，闹铃定在几点钟，要听取孩子的意见。

闹铃可以设置成来自大自然的声音，也可以和孩子一起录制。

当责任放在孩子身上的时候，会让孩子有掌控局面的感觉，责任意识会更强。

2010年8月，多家网络媒体报道了一个懒人饿死家中的故事。

饿死的是河南省罗山县一个23岁神志正常的小伙子杨锁。村里人说，杨锁的父母对他十分疼爱。杨锁8岁时，父母出门还用担子挑着他，不让他走路。杨锁的小学老师说："杨锁其实挺聪明的，可他根本不学习，也不做作业。我们只要严厉一点儿，杨锁就告诉他的父母，他父母第二天就会找到学校。"

杨锁13岁那年，父亲因病去世。杨锁的母亲仍然一点儿农活也不让他干。后来，杨锁的母亲身体越来越不好，不得不叫杨锁去干活时，杨锁根本不干。母亲去世后，杨锁便把家里所有值钱的东西都卖了，最后就到村里各家讨饭吃。他从来不洗衣服，穿脏了就扔掉，再换一件。村里人给他的肉、菜，他都挂在屋檐上，一直放臭了也不做着吃。

追根溯源，正是因为父母的过分溺爱，让一个聪明的孩子成了"天下第一懒人"，最终走向了死亡。

这只是个案，比较极端，但是案例中反映出的问题却在很多父母身上存在：从小不培养孩子的责任心，什么都替孩子做，每天孩子起床要一遍遍地叫，充当孩子的小闹钟；孩子上学的时候，书包背在父母的肩上；孩子过马路的时候，红绿灯由父母负责看；晚上孩子做完作业，作业的检查由父母负责；每天上学，父母要提醒孩子"作业本都放进书包了吗？"

父母把本应由孩子做的事情扛到自己的肩上，同时也把应当由孩子承担的责任包揽过来。其后果是孩子不会为自己的行为负责，也不去寻找解决问题的办法。于是，上学迟到了，面对老师的责问，孩子会说“都是我妈妈不好，没有准时叫我起床。”忘记带家庭作业时，孩子会说“都怨我妈妈忘记给我装了”。把责任推到别人身上成了一种习惯，凡事都是别人的错，凡事总是找一大堆理由为自己开脱。

培养孩子的责任心，应当体现在生活中的一件件小事上，父母可以从让孩子负责自己起床这件事着手。一个有责任心的孩子是能够做到自己按时起床的。

让小闹钟帮助孩子按时起床

给孩子准备一个帮助按时起床的工具——小闹钟，让孩子成为这个工具的主人，自己使用、管理这个工具，学会对自己的事情负责。

1. 和孩子一起买一个小闹钟

从孩子上学开始，作息时间对于孩子来说越来越严格，每天早晨的起床时间也要求越来越准确。在孩子上学前，父母给孩子准备各种文具的时候，不要忘记给孩子买一个小闹钟。父母要与孩子郑重地谈一次话，告诉孩子他将是一个小学生了，今后每天要按时起床，所以给他买一个小闹钟。这个小闹钟完全由他使用。在售货员教小闹钟使用方法的时候，要让孩子一起听，告诉他今后要自己操作。

选择什么样的小闹钟，要充分尊重孩子的意愿。这样可以让孩子与小闹钟建立情感，便于小闹钟发挥作用。

2. 和孩子一起设定小闹钟的叫醒时间

买回小闹钟后，要和孩子商量设定闹铃的时间。可以用倒推法，比如孩子需要 7 点钟出门，要洗漱，还要吃早饭，看看几点起床合适。父母不要直接说出时间，一定要跟孩子商量。这个过程可以进一步强化孩子的时间观念。

杭州的豆米妈妈在《和孩子们做个美丽的约定》一文中介绍，她每晚都会和豆米双胞胎握握手，说一声“我们都是赖床鬼”，用这个表态和孩子取得共鸣。然后在孩子临睡前，她会很正式地发问：“明天早晨你们需要留出多少赖床时间？”接着按孩子的要求留好时间。比如最晚 7 点半起床，孩子要求留 30 分钟，就把闹钟定到 7 点，这半小时孩子可以赖在床上，但到 7 点半就必须起床了。

给孩子设定的起床时间不要计算得太准确。孩子从睡眠到兴奋起来需要一个过程，这个过程根据每个孩子的不同，可以是 5—15 分钟。如果时间算得太严格，一点儿缓冲的余地都没有，万一出现小小的不顺利，时间可能就来不及了。俗话说“早起三光，晚起三慌”，有时比预计的时间早 10 分钟，就会从容很多，心情也会好很多。

3. 铃声不要太刺激

闹钟的铃声尽量选择温柔一些的，不要太刺激。

孩子被刺耳的铃声惊醒会很不舒服，带来的往往是烦躁的心情，比如听着闹钟一直喊“该起床了，该起床了”，孩子的心里可能会产生一股无名火。

2011 年 2 月，美国纽约市政府启动了一项名为“起床了，纽约”的叫醒活动。每天清晨，纽约市数千名学生会在被窝里接到意想不到的电话，电话里可能传来 NBA 明星“魔术师”埃尔文·约翰逊兴高采烈的“早上好”，也可能是 R&B 歌手崔·尚斯喊你“去上学吧”的声音。

父母可以把孩子的闹钟铃声设置成来自大自然的声音，例如大自然中的流水声、海浪声、鸟儿轻柔的叫声等，让孩子在放松的状态中醒来。

有些闹钟可以自己录音，父母可以和孩子一起录制各种不同的铃声，比如录入孩子喜欢听的音乐、小孩子的笑声或是一首诗朗诵。

父母还可以让孩子把第二天需要记住的事情录为铃声，比如“今天去春游，别忘记带相机”“今天早晨要主持晨会，要早一点儿起哟”之类的话。相信孩子听到这样的铃声后起床，不仅是因为闹钟的提醒功能，还有一份对于自己工作的责任心。

4. 加强孩子的责任意识

给孩子买了闹钟之后，父母要加强孩子的责任意识。当责任放在孩子身上的时候，会让孩子有掌控局面的感觉，孩子的责任意识会更强。

一位刚刚上小学的孩子的妈妈就有一个很好的做法：在儿子刚开始使用闹钟的时候，她会在前一天晚上和儿子一起把闹钟上好。然后跟儿子说：“妈妈白天工作很累，明天闹钟响的时候，妈妈可能听不见，你要好好注意听着，好叫妈妈按时起床，否则你上学就要迟到了。明天就看你的了。”儿子听了妈妈的话特别认真地点点头。第二天闹钟一响，他果然先睁开眼睛，跑到妈妈床边推醒她。当然，这时妈妈还会再把戏演得逼真一点儿，故意赖床说：“哎呀，好累呀，妈妈不想起来——”此时，儿子会很郑重地“教导”妈妈：“快起来吧，要迟到了，老师会批评咱们的。”

5. 让孩子为起床晚的后果负责

如果孩子因为起床晚迟到了，一定不要替孩子承担责任，比如平时是坐公交车上学，因为起晚了就答应孩子坐出租车上学；或是替孩子说谎，对老师说孩子今天身体不舒服，等等。如果这样做，给孩子买小闹钟就失去了意义。并且会让孩子责任界限分不清，养成自己错误造成的后果依赖父母解决的习惯。

一位父母讲述了这样的事例：儿子上四年级，总是赖床，每天母亲要用各种办法才能把他从床上拖起来。有一天，母亲叫了几次孩子仍然没有动静，气得母亲不再叫他了。8点多的时候，孩子突然醒了，从床上跳起来大叫一声“迟到了”，穿好衣服就冲去学校，结果被老师罚在教室门口站了 10 分钟。从那以后，孩子每天都能按时起床。

6. 不要用手机代替孩子的闹钟

有些父母会用手机给孩子当闹钟。手机确实有这样的功能，但是它只适用于那些偶尔有些特殊的事情才使用闹钟或是不方便携带闹钟的人。对于孩子来说，如果每天都要使用闹钟，就尽量不要用手机代替闹钟。因为这样的话，手机就要放在孩子的床头，手机产生的辐射对孩子的健康是不利的。

给孩子切实的帮助

孩子是成长中的人，所以在能力上肯定有许多不及成年人的地方。父母不要觉得给孩子买了小闹钟，从此孩子起床这件事自己就不用操心了。父母应当站在孩子的身后，时刻注意观察孩子，看到问题及时给予帮助。当然，要悄悄地帮，不让孩子发觉，以便让孩子对自己有信心。

1. 让孩子养成每天按时睡觉和起床的习惯

每天几点睡觉，要有规律，这样人体的生物钟就会起作用。父母可以给孩子建立一种“睡眠仪式”，也就是有一种固定的程序，比如睡前刷牙、洗脸、上厕所、用热水洗脚，有的孩子喜欢睡前听一个故事或是看一会儿书。不管做什么，需要遵守的原则是每天要在同样的时间干同样的事，要让这个程序成为孩子身体夜间休息的一种暗示，目的就是要让孩子从进入这个程序的第一个步骤起，就知道要进入一种睡眠状态，而不是上了床这种状态才开始。

起床的时间也是如此。假如让孩子连续一个月每天早晨在同一时间起床，周末也不例外，孩子慢慢就会形成早晨到点就醒的习惯。

父母要注意必须坚持，否则这个作息时间表就不容易形成。如果有必要，周五的睡觉时间可以晚一些，周六的起床时间也可以晚一些。

2. 制造适宜孩子清醒的环境

除使用小闹钟叫醒孩子以外，父母也可以利用自然光促使孩子自然醒来。到了孩子该起床的时间，父母可以不说话，只拉开孩子房间的窗帘，除冬季之外的季节还可以打开窗，也可以放音乐，制造一个适宜清醒的环境。起床也需要一个过程，不要催孩子起床太急，允许孩子在床上伸伸懒腰，让身体温暖并活跃起来。

父母不可采取“杀伤性叫醒”的方法：一把将孩子的被子掀开；不停地叫着“起床了，起床了”，叫了半个小时才到真正该起床的时间；一直摇晃孩子的身体，摇晃到孩子起床为止。

美国《读者文摘》曾经走访调查了1000多个孩子，了解他们平时的苦恼和愿望。许多孩子都提出“希望早晨父母不要开口骂他们”。他们说，如果早晨父母对自己大声训斥，这种声音会一整天都在他们的头脑中回响，既影响情绪稳定，又妨碍正常学习。

3. 帮助孩子适应闹钟

父母在孩子刚开始使用闹钟的时候，不要把提醒孩子按时起床的责任完全推给闹钟，但是也不要自己去代替闹钟。父母要起到警醒的作用，但是又不要让孩子知道。如果发现孩子没有及时起床，可以故意弄出一些声音，比如把勺子掉到地上。做早饭的时候也不需要小心翼翼，有一些声响的话，有助于让孩子慢慢醒来。

美国品德教育联合会主席麦克·唐纳曾说：“能力不足，责任可补；责任不够，能力无法补；能力有限，责任无限。”

对这句话通俗的理解就是：一个人的能力再强也是有限的，但是一个人的责任感却是无限的；如果一个人能力不够的话，高度的责任感可以弥补这方面的不足，使自己的综合能力得到提升；但是如果一个人的责任心不强，即使他的能力再强，也无法弥补这方面的缺陷。

责任心是可以培养的。人生中有些东西自己无法主宰，比如一个人能力的大小可能和遗传有关，和教育程度或成长经历有关。但是，一个人的责任心却是后天培养起来的。父母要从让孩子对自己起床负责这样一件小事做起，培养孩子的责任心。

14

让孩子拥有一个专属衣柜

——培养孩子的自理能力

滴自己的汗，吃自己的饭，自己的事自己干。靠人，靠天，靠祖先，都不算是好汉。

——教育家　陶行知

父母对于孩子生活的包办，不仅是对孩子生活能力培养的缺失，某种程度上还意味着对孩子独立人格的侵犯。

生活自理能力的具备是一个人精神独立的前提。生活上依赖父母的孩子，精神上也不可能独立。

穿衣吃饭是一个人最基本的生活需要。生活能力的培养也应当从此开始。

2013 年 9 月 8 日，送孩子报到的第一天，江西财经大学的新生父母参加了学校举办的父母会。进入父母提问环节，父母频频举手，踊跃程度让老师感到意外，其中一些问题出乎老师意料。比如，许多父母担心宿舍没有空调，学生炎炎夏日很难熬，提出能不能在校外租房住；有的父母觉得学生宿舍楼一层只配一台洗衣机太少，提出自己可以买一台洗衣机；有的父母观察到学生宿舍只在阳台外安装了晾衣架，担心一旦下雨，学生没法晾晒衣服等。父母们 80% 的提问都是关于学生在校期间的生活问题。

进入大学，许多孩子第一次离开父母独立生活。父母们的担心不是没有道理的，但是孩子不可能一辈子在父母无微不至的照顾下生活。如果父母包揽了孩子的一切，孩子将无法获得自理能力。

不能自理就无法自立

孩子的生活自理能力是伴随孩子的成长逐渐培养起来的，但是许多父母一方面担心让孩子做洗衣服之类的事情占用学习时间，一方面心疼孩子，认为孩子没有必要做这些事情。父母承担了本应孩子自己做的一切，剥夺了孩子这些方面的生活经历，使孩子的自理能力无法在生活实践中得到很好的发展。曾经有过这样的报道：有的孩子因为上大学后没有能力打理自己的生活，不得不退学，或是父母不得不再一次走上陪读之路。

父母对于孩子生活的包办，不仅是对孩子生活能力培养的缺失，某种程度上还意味着对孩子独立人格的侵犯。因为生活自理能力的具备是一个人精神独立的前提。一个孩子如果生活上依赖父母，离不开父母，精神上也不可能独立。这样的孩子缺少独立成长的内在动力和勇气，适应不了现实社会生存与发展的考验，甚至不能成为一个完整的、自立于社会的人。

从一个衣柜开始培养孩子的自理能力

培养孩子的自理能力应当由让孩子学会料理自己的生活开始，从穿衣、洗袜子、整理房间等简单事情入手。本书仅选取让孩子负责整理自己的衣柜这一点给父母一些建议。提倡给孩子一个衣柜的目的，并不是说要给孩子买多少衣服，而是让孩子从管理简单的自我着装开始，培养自我管理能力。

如果家里有条件，可以给孩子购买一个单独的衣柜。衣柜在设计上应当考虑到方便孩子使用。尽量选择结实、样式简单的衣柜，有利于孩子把物品整理得井井有条。衣柜内应当有抽屉可以用来放内衣、袜子等小衣物。如果可能，抽屉里可以隔成一个个的小格子。父母也可以和孩子一起用一些旧纸盒制作小格子。衣柜内应当有挂上衣的地方，衣架要买儿童用的，这样不会把衣服的肩部撑得太大。衣柜里可以多放几个小筐，也可以多放几个挂钩，便于孩子收纳自己的衣物。裤子可以挂起来，也可以卷起来放在筐里。衣柜应当考虑安排放置帽子、手套的地方。

不要买那种只是放了几块隔板的柜子。那样的话，孩子每次取衣服的时候会把所有的衣服都搞得一团糟。如果买不到合适的衣柜或者家里条件有限，可以买一些小筐，也可以废物利用，把一些大小不一的纸盒子利用起来，在纸盒外面贴上漂亮的纸，放在衣柜内。

如果衣柜是与孩子分房时给孩子添置的，在购买的时候，父母就要跟孩子讲明这是买给他的，告诉孩子从此以后衣服要自己收拾、管理。

引导孩子管理自己的衣柜

1. 孩子的衣柜自己整理

孩子第一次使用衣柜时，父母要给孩子做示范，帮助孩子一起整理。比如什么样的衣服要挂起来，什么样的衣服可以卷起来放在筐里；袜子可以两只系在一起，也可以把一只装到另一只里，要做到成双成对放在一起。父母在洗好孩子的衣服后，可以给孩子示范如何折衣服，并让孩子自己收起来。这样既可以加强孩子管理自己衣物的意识，又能让他对于自己的衣服放在哪里非常清楚，方便孩子找到自己要穿的衣服。父母也可以在衣柜外贴上衣服的图样，这样便能清楚了解物品摆放的位置。

等孩子年龄大一些，就可以让孩子自己折叠衣服、洗衣服，慢慢地让孩子真正把自己的衣柜管理起来。

衣柜还要保持干净整洁，父母要定期检查孩子整理衣柜的情况，和孩子一起对柜子表面进行清洁，告诉孩子注意通风、防潮、防蛀等。柜子里的衣物也要不时拿出来晾晒。

2. 让孩子尝试自己搭配衣服

现在，很多小孩子从两三岁起就对穿什么样的衣服有想法和要求，有自己喜欢的款式和颜色。如果孩子想要自己来搭配衣服进行穿着的话，说明孩子的个性意识、动手能力、认知能力正在不断进步。在孩子会表达意见的时候，父母就可以放手让孩子自己选择衣服搭配，不要强迫孩子穿什么或不穿什么，让孩子按照自己的意愿搭配衣服。

如果孩子搭配得不错，妈妈可以鼓励一下："今天衣服穿得很不错，搭配得很好看。"即使衣服搭配得不是很好，也不要斥责孩子或逼孩子换衣服，而是问一问那样搭配的理由。大人们接受不了的搭配并不一定就是"错误"的搭配，如果没有创新，也不会有时尚潮流的出现。搭配衣服的知识需要在生活中慢慢积累。在日常生活中，如果父母经常注重衣服款式之间的搭配，注意裤子、T恤、袜子的颜色是否和谐，孩子自然也能耳濡目染受到影响。

3. 给孩子独自购买衣服的权利

每个换季的时节来临时，一般是需要添置衣服的季节。对于孩子来说，身高的不断增长也是需要添置衣服的一个重要理由。太小的孩子当然不具备独自购买服装的能力，但是父母可以从小让孩子参与服装的购买。等孩子到了小学高年级，有自己购买服装的能力的时候，父母就可以适当给孩子服装购置费，有一些衣服让孩子自己决定买什么样的。父母可以安排一次购物指导课的考试，如果孩子能通过考试，就可以考虑让孩子享有独自购买服装的权利，自己决定买什么样的衣服。

先让孩子提出自己的要求，把他想要的衣服写在清单中。然后父母与孩子一起清点衣柜，看看在已有的衣服中是否有可以替代要买的衣服的。在确定需要购买的衣服后，让孩子提出预算。父母再结合自己的经验，批一个相应的预算额，让孩子在额度内完成衣服的添置。

也许孩子在购买服装这个问题上要经历一些失败，父母要做好"交学费"的心理准备，比如孩子买回一些质量不好的衣服，或是买的时候很喜欢，但很快就不想穿了，等等。但是有了这样的过程，慢慢地孩子就会更加理性，知道在购买衣服的时候应当考虑哪些因素。

4. 教孩子一些购买服装的常识

任何一项技能都需要拥有一些常识，购买衣服也是如此。父母在教孩子如何购买衣服的时候，不仅要教孩子做预算，也要把购物常识告诉孩子，培养购买服装的能力。购买服装不能只考虑样式、价格，还要考虑材质和服装的安全问题。

现在服装材质种类很多，但是大的分类上就是天然与人造两种。与皮肤接触的衣服最好是棉质材料。衣服从原料到成衣，经常要用到染料，而这些染料很容易被人体吸收。高品质的服装色牢度高，不容易掉色，而低品质的服装就容易掉色。因此，要尽量买色牢度好的衣服或颜色浅一些的衣服，尤其是贴身穿的衣服更要如此。

在服装的样式选择上不仅要考虑到美观、时尚等因素，也要考虑到是否对身体构成安全隐患。很多服装生产厂家为了给童装增加“时尚味”，在衣服上面加装了各种弹性绳索、腰带等配件。结构设计不合理、配件拉力不符合要求、零部件尖端或锐边等都可能存在致伤风险。比如，当儿童从滑梯上滑下时，童装帽子或颈部的绳带套环或绳结有可能会卡在滑梯顶端的缝隙内。当儿童被拉绳拉住，悬挂在滑梯上时，拉绳会使外套紧紧地缠绕住脖子，导致儿童窒息。此外，服装腰部和较低褶边的拉带会勾住移动车辆，由此导致严重伤害事件。根据美国的一项统计，在此类事故中，大多数是因为在儿童下车时，服装下摆处的拉绳卡在车扶手的缝隙内。儿童和司机没有意识到危险车门被关上，车辆启动后将儿童拖走造成严重伤害。

在生产服装的过程中，为了使服装保持平整度、防止褪色，可能会使用含有甲醛的整理剂。如果处理不当，会导致服装甲醛含量超标。因此在购买服装时，最好闻一闻。如果发现一些纺织制品中散发出刺鼻的气味，最好不要买。衣服买回来后一定要先泡一泡，用清水洗过晾晒之后再穿，这样可以减少衣服上的甲醛残留。

穿衣吃饭是一个人最基本的生活需要。生活能力的培养也应当从最基本的生活需要开始。让孩子从自己穿袜子、洗袜子、收拾袜子开始，学会掌管自己的衣柜，锻炼生活自理能力。当孩子宣布自己已经长大，想要独立完成一些事情时，父母需要做的不是阻止，而是引导，趁此机会放手让孩子去尝试，并在一边给予鼓励。如此能提高孩子的做事兴趣和积极性，让他们体验到成长所带来的成就感。

自理能力培养小贴士

※ 生活能力应当在生活中培养，不要让孩子到课堂上学习如何洗袜子。那样做既浪费了老师的时间，孩子学习的效率不高，父母也失去了与孩子培养亲子感情的机会。

※ 孩子能做的就让孩子自己做，父母不要代劳。

※ 自理能力是一种重要的能力，也需要学习才会拥有。学习的方法可以是模仿，孩子通过看父母做学会如何做。但是父母有意识地指导孩子，会让孩子掌握得更好，学得更快。孩子洗袜子的方法可能延续一生，甚至还会传给自己的下一代，成为一种家族行为，所以父母一定要给孩子示范正确的做法，不要误导孩子。

15

一个温馨的家庭是父母给孩子准备的最好的礼物

——孩子的幸福感与家庭贫富无关

夫妻间的和睦关系是成功地教育孩子的首要条件。

——俄国作家
列夫·托尔斯泰

孤独也是一种饥饿，是期待温暖爱心的饥饿。

需要同类的关怀和怜悯是人的一种本能，而家庭是为了满足人的这一天性需求而建立的集体。

父母与孩子应当学会彼此把对方当作倾诉者，通过交流达成理解。

一个温馨的家应当有家庭时间。

家是什么？在中文里，“家”这个字最直白的解释是房子下面有头猪。

在我们的祖先造这个字的年代，生产力还很低下，有了房子能给人遮风挡雨，有了猪等家畜说明家里有了吃的，这就是一个家了。今天，人们对这个字有了新的解读：家是满足人们最基本的生理、心理需要的地方，是一个让人身体舒服、心灵放松的地方。

在英文里，“family”（家庭）这个词可以分解为“father（爸爸）and（和）mother（妈妈）I（我）love（爱）you（你们）”。家不是只讲物质的地方，家中应当有爱，有亲情，有人气。

“爱”是组成家的最重要的因素

1. 家是让人感受到爱的地方

德兰修女（也译作特蕾莎嬷嬷），是1979年诺贝尔和平奖的获得者。她一生奉献于那些生活无着的穷人。她对贫穷有着自己的一番解释，她说：“饥饿并不单指食物，而是指对爱的渴求；赤身并不单指没有衣服，而是指人的尊严受到剥夺；无家可归并不单指需要一个安身之所，而是指受到排斥和摒弃。除了贫穷和饥饿，世界上最大的问题是孤独和冷漠。孤独也是一种饥饿，是期待温暖爱心的饥饿。”

需要同类的关怀和怜悯是人的一种本能，而家庭是为了满足人的这一天性需求而建立的集体。所以，维系家庭最重要的因素是爱。家的这一特点让人们对于爱的渴求超越了物质甚至温饱。德兰修女曾经历过这样一件事：有一天，她看到一个六七岁的小女孩独自在街上捡破烂，就把这个小女孩领回了儿童之家，给她洗澡，为她换上干净的衣服，又拿出儿童之家里最好的食物给她吃。到了晚上，那孩子却偷偷跑掉了。修女很担心她，就去把她找了回来。但是第二天她又跑掉了。修女就让人偷偷地跟踪她，看看她到底去了哪里。结果，在一棵树下找到了她。树下有她的母亲、姐姐和妹妹。她们在那里做饭，在那里吃饭；她们在那里睡觉，在那里醒来；她们在那里哭，在那里笑。虽然在旁人的眼里那只是一棵树，但对于小女孩来说那里就是她的家。至此，德兰修女才明白了小女孩反复逃跑的原因。因为她的母亲爱她，她也爱她的母亲。是对家庭中爱的渴求，让她离开儿童之家舒适的生活，选择了树下的家。

2. 孩子的幸福感与家庭的贫富无关

美国心理学家赫茨曾经在全世界五大洲 20 多个国家就儿童的需求问题进行了一次调查，调查对象是 8—14 岁的 5 万名孩子。调查发现，孩子对家庭的经济水平和社会地位并不重视，能否使孩子感到幸福并不取决于家庭的贫富程度，而在于孩子是否能够感到自己是属于这个小集体并得到长者的最大关怀。孩子最不满意的是父母吵架。伦敦 8 岁孩子伊夫林祈祷似的写道："上帝啊，别让爸爸妈妈再这样凶地吵架了。"赫茨还发现，家庭是否温暖对孩子的学习有很大的影响。对父母没有什么不满的学生的学习成绩比那些对父母有着极大不满、心里隐藏着很大痛苦的学生要好得多。

3. 父亲是孩子想要的礼物

2012 年，一项对 2000 个英国家庭的调查显示，大部分 3—12 岁的孩子最希望在圣诞节得到的礼物是一个"弟弟"或者"妹妹"，而名列第十位的竟然是"父亲"。专家认为，现在的孩子对物质方面的追求降低了许多，他们不再想要堆成山的玩具和糖果了。

温馨的家什么样

家庭氛围是全体家庭成员共同营造的，是通过彼此间的互动形成的。这其中，作为父母的成年人起着主导作用。孩子希望中的父母是什么样的呢？美国心理学家赫茨通过调查，总结出了孩子对父母的要求，归纳起来有下列十条：

孩子在场时不要吵架。

对每个孩子要给予同样的爱。

任何时候都不要对孩子撒谎。

父母之间要互谦互让。

与孩子要保持亲密无间的关系。

孩子的朋友来做客时要表示欢迎。

对孩子提出的问题要尽量予以答复。

在孩子的朋友面前不要讲孩子的过错。

注意观察和表扬孩子的优点，不要过分强调孩子的缺点。

对孩子的爱要稳定，不要动不动就发脾气。

1. 家人应当是彼此的交流对象

父母与孩子应当学会把对方当作倾诉者，通过交流达成理解。

中国的父母在孩子面前往往穿着一副“强者”的铠甲，在孩子面前摆出一副无所不能、无所不知、不会生病、没有痛苦的样子，以为这样才会给孩子带来安全感，才会在孩子心中树立起威信。其实，父母也是血肉之躯。要向孩子示范如何做人，如果把自己包起来，孩子就学不到一个真实的人应当面对的问题。另一方面，孩子也会觉得与父母的心难以接近。

父母可以向孩子倾诉。对于七八岁的孩子，父母可以用一些具体的事情向孩子表达自己的感受，比如“爸爸今天有些累”“你外婆病了，妈妈心情不太好”，等等，让孩子知道父母的感受。对于十一二岁的孩子，父母也可以把自己工作中的一些苦恼、面临的一些生活难题与孩子交流，让孩子体会到父母面对生活也有压力，也会有犹豫不决的时候。听到父母的倾诉，孩子往往会觉得父母把自己当作大人，当作可以分担的人。如果孩子有了苦恼，也更容易对父母敞开心扉。

2. 家庭应当有家庭时间

没有相处的时间，情感就失去了依托。一个温馨的家应当有家庭时间。所谓家庭时间，就是在这个时间，一家人在一起共同做一些事情。如果父母的工作时间比较规律，每天吃完晚饭后一家人可以一同去散步。在这个时间中，各自交流一天的所见所闻所思所悟。孩子可以说说这一天学了什么，班上发生了什么有趣的事或者经历的不愉快、不解的事；父母可以谈谈自己今天做了什么工作，单位发生了什么事情，或是某则让自己有所触动的新闻。这样的交流可以让家庭成员了解彼此的情绪状态以及对一些问题的看法，提高孩子对问题的认识水平。这样的交流会让一家人的心中充满温暖与感动。

如果父母的工作时间不是特别规律，可以每周规定一天，一家人在这一天开个座谈会或是一起出游、玩乐，在此过程中交流思想与情感。

3. 温馨的家庭允许表达不同意见

温馨的家庭并不是家人间不能有争论。人们对待同一件事情肯定会有不同的意见，生活当中难免发生争论或争吵。但是在确定如何处理之前，要给大家一个表达自己观点、说服其他人的机会。当然，孩子也是有发言权的。温馨的家庭应当是每个人都能够表达意见的深度的和谐。如果为了家庭温馨就不表达自己的观点、不表达自己的心声，家人之间会缺乏真正的了解。

父母可以当着孩子的面表达不同意见，但需要注意的是，如果这个问题是孩子理解不了的，或是父母谈到这个问题时很难理智，就不要当着孩子的面谈。

孩子读小学前，理解力有限，他们更需要的是父母相爱、家庭和谐给自己带来的安全感。这个时候，父母的争吵最好不要让孩子看到。孩子上了小学后，人际交往逐渐增多。这个时候，父母的一些争论可以当着孩子的面进行，但一定要理智正确地示范：如何表达自己的意见，如何为自己的意见据理力争，如何彼此让步，最后达成共识。如果有一方在这个过程中说话不礼貌，还要当着孩子的面向对方道歉。争论之后一定要安抚孩子，告诉孩子争论是为了解决问题，并不意味着父母不相爱了。

著名主持人杨澜也遇到过类似的问题。有一天，杨澜与丈夫爆发了激烈的争吵。由于双方当时过于激动，并没有注意到孩子。当两人看到孩子流着眼泪吓得不知所措的时候，才意识到自己的言行对孩子已经造成了伤害。杨澜当时单腿跪在孩子面前，眼睛含着泪水真诚地给孩子道歉："我们在你面前争吵，并且用了不雅的语言，爸爸妈妈有时也会做出一些愚蠢的事情，我们真诚地给你道歉，孩子，对不起。"

父母平时也要允许孩子表达不同意见。有的父母会觉得孩子表达不同意见是跟自己顶嘴。当然，与什么话都听父母的孩子相比，有不同意见的孩子会让父母的权威受到挑战。但是如果父母说什么孩子都没有意见，那孩子也许是一个不会思考、没有自己意志的孩子。美国弗吉尼亚大学的心理学研究人员研究了 150 名 13 岁男孩女孩同父母讨论问题的情境，把他们分成固执己见和言听计从两组。3 年后，研究人员发现，日常顺从父母意见的孩子喝酒和嗑药的比例较高；坚持己见的孩子面对诱惑，多能够果断地加以拒绝。

温馨的家庭是父母给孩子准备的最好的礼物

1. 有了夫妻才有家

婚姻关系是家庭的基石，大部分的家庭是通过建立婚姻关系，才有了孩子。所以对于大多数家庭来说，夫妻关系是家庭存在的前提。很多夫妻在有了孩子后，生活的重心转移到了孩子身上，一切以孩子的生活为中心，夫妻间交流的所有话题也都是围绕着孩子。有些夫妻在有了孩子后，直到孩子上大学离开家，都没有独自相处的时间，甚至有的夫妻为此分居多年，母亲与孩子睡在一起，让丈夫单独睡。这样的情况可能会导致夫妻间感情的冷漠，甚至让一些男性感情出轨，有可能让孩子失去一个完整的家。一对相亲相爱的父母、一个温馨的家庭，是父母给孩子准备的最好的礼物。因此，需要拿出一些时间和精力来建设良好的夫妻关系。

如果有可能，每周的一天，可以把孩子托付给家里的老人，空出夫妻单独相处的时间，夫妻二人去看一场电影，喝喝茶。

2. 孩子能感知父母是否相爱

父母、子女的关系应当是一个等腰三角形。父母分别站在这个三角形的两个底角上，与孩子的距离是相等的，不能一方比另一方与孩子的感情更亲密。爱孩子是父母应当做的事，伟大的母爱也是人类文化中经常歌颂的内容。但是一个过度爱孩子的人，尤其是母亲，往往是婚姻出了问题。没有了夫妻间的恩爱，母亲就只好把自己的爱一股脑地给了孩子。夫妻间出了问题，最好要解决自己的问题，而不是躲到孩子的身边。以这样的方式回避矛盾，问题会越积越多。直到有一天，当孩子可以独立的时候，母亲会觉得好像只剩下自己一个人孤独地生活，或是过分介入已经成年的孩子的生活，给孩子造成困扰。

不要以为面和心不和的婚姻能够瞒住孩子，孩子不仅会从言语中感觉父母是否相爱，也会从他们眼睛看到的来感知父母的情感。这样的欺骗有时会比告诉孩子父母感情出了问题更让孩子烦恼，因为他们还要尽力表现出自己并不知情，还会为父母的虚伪感到难过。

3. 良好的夫妻关系有助于父亲参与家庭教育

如果父亲和母亲感情很好，他就倾向于积极扮演一个好父亲的角色。在家庭关系中，如果父母是相亲相爱的，在对待孩子的问题上也就容易达成一致。

现在，很多父亲淡出家庭教育，一方面是由于生活压力的加大，另一方面也是由于母亲的过分参与，母性的张扬阻止了父亲参与孩子的教育。有些母亲在孩子小的时候，得意于孩子与自己的亲密，慢慢地就会产生一种对孩子情感独占的潜意识，把父亲排斥在外。对于当前的应试教育，女性也更擅长，于是父亲的教育方式不被母亲接受。但是当孩子出现问题的时候，母亲无力独自解决，又会抱怨父亲不参与。所以有些父亲淡出家庭教育，责任在于母亲。

教育孩子是父母共同的事业，父母在教育中有分工，有合作，是互补关系。母亲不要独霸孩子，或是与孩子建立联盟。没有母亲的教育和没有父亲的教育同样是不完整的。

作为女性，一定要让父亲参与到孩子的成长中，这有利于增强男性对于家庭的责任感，有利于男性的成长，有利于家庭的稳定。

小链接

《我想有个家》是潘美辰的代表歌曲，让我们一起来欣赏一下歌词吧：

我想要有个家
一个不需要华丽的地方
在我疲倦的时候，我会想到它
我想要有个家
一个不需要多大的地方
在我受惊吓的时候，我才不会害怕

16

铺一张舒适的床，让孩子睡个好觉

——睡眠与孩子的身心健康息息相关

生命不仅在于运动，生命也在于休息。

你学得怎么样既不取决于你到哪里去学，也不取决于你的父母为你做了什么，它取决于你睡得如何。

孩子在睡眠中长个。

睡眠良好的标准：10—15分钟内入睡，睡眠过程中不醒，醒后感觉清爽、舒服。

生活中有很多关乎生活质量甚至关乎生命的东西，因为司空见惯而被人们忽视，床就是其中之一。床与一个人的睡眠状况息息相关，而睡眠又与我们的生活质量、生命质量紧密相连。如果人的一生按照 90 岁的寿命来算，我们躺在床上的时间是 30 年。也就是说，我们一生中有三分之一的时间是在床上度过的。

儿童正处于身体的生长发育期。对于他们来说，睡眠是健康成长的前提，更是生命的必需。生命不仅在于运动，生命也在于休息。给孩子一张舒适的床，培养孩子健康的睡眠习惯，让孩子睡个好觉，是父母对孩子的真爱。

睡眠影响孩子的成长和学习

1. 睡得好，孩子才能身体好

睡眠左右着身体的免疫力。一个人身体好不好，与他自身的免疫力有很大的关系。美国佛罗里达大学的免疫学家贝里·达比教授研究小组对睡眠、催眠与人体免疫力的关系做了一系列的研究，他们得出的结论是：睡眠除可以消除疲劳，使人产生新的活力以外，还与提高免疫力、抵抗疾病的能力有密切关系。达比教授对 28 名试验人员进行了自我催眠训练。结果表明，被施行了催眠术的人血液中的 T 淋巴细胞和 B 淋巴细胞均有明显上升，而淋巴细胞正是人体免疫的主力军。

2. 睡得足，孩子才能长得高

通常说孩子在睡眠中长个儿，这是有科学依据的。

首先，睡眠有促进儿童生长发育的作用。人的脑垂体前叶所分泌的生长激素能促进机体生长，尤其能加速软骨和骨骼的生长，使人长高。生长激素主要在夜间分泌，白天分泌得很少。如果减短了睡眠时间，生长激素的分泌就会减少，身高的增长也就必然受到影响。其次，人站立的时候，身体的重量几乎全压在下半身。到了晚上，人平躺在床上，下半身从纵向的重力作用中得到解脱，骨骼也能得到充分的休息，有利于生长。第三，人体合成身体中所需要的各种营养素，只有在睡眠和休息的时候才能很好地完成。如果睡眠不足，即使父母给孩子吃再多有营养的食品，身体也不能有效吸收。

3. 睡得好，孩子才能学得好

大脑的工作需要充足的氧气供给。长期睡眠不足，脑供氧会缺乏，影响大脑的创造性思维和处理事物的能力。据世界卫生组织调查，影响孩子学业的几大因素中，睡眠不足、头脑不清醒是第一大因素。

法国南锡市一所防治研究中心多年的调查表明：孩子的睡眠与他们的智力发展紧密相关。那些每晚睡眠少于 8 小时的孩子，有 61% 的人学习跟不上，有 39% 的人成绩平平。而另一些每晚睡眠在 10 小时左右的孩子，76% 的人成绩中等，11% 的人成绩优秀，只有 13% 的人学习落后。

北京师范大学的高影君副教授在接受我的采访时，曾对“睡眠不好，是否学习成绩也不会提高？”的提问做了肯定的回答。高教授提醒父母们：当孩子学习的时候打哈欠，眼皮也耷拉下来了，这就是大脑发出的累了的信号，这时就要让孩子休息了。

小学生每天应当睡够 10 小时

父母可能会问，几个小时的睡眠才算是充足的，才能满足孩子身体发育的需要？这些问题没有一个统一的答案。因为对于睡眠的需求，不同的年龄需要的时间是不同的。一般来说，1—3 岁的孩子睡眠需要量为 12—13 小时；3—6 岁需要量约为 12 小时。对于小学生来说，保证每天 10 小时的睡眠是一个基本的标准。

要保证孩子有充足的睡眠时间，就要处理好学习、娱乐、睡眠三方面的关系，父母就要学会帮助孩子管理好时间。

1. 培养孩子良好的写作业习惯

有的父母总是担心孩子的学习时间不够，看孩子很快完成了老师留的作业，觉得不踏实，于是再给孩子增加一些作业。岂不知孩子也有对策：放慢写作业的速度。于是，在做作业的时候一会儿玩玩铅笔盒，一会儿抠抠自己的手，一会儿又去厕所待会儿。不好的习惯就在抗拒父母的行为中形成了。当年级升高了，老师留的作业也多了的时候，他想快也快不了，只好向睡眠要时间。

父母要培养孩子良好的写作业习惯。孩子什么时间写作业要有一个规定。这个时间可以和孩子讨论，定下后就要坚持，不要轻易地违反。

2. 让孩子睡个午觉

许多人都有午睡的习惯。爱因斯坦说，每天午睡能帮助他提神醒脑，保持旺盛的创造力。如果孩子上的学校离家不远，父母可以让孩子中午放学后回家睡个午觉。需要注意的是，午休不宜超过 45 分钟，否则可能会影响孩子晚上的睡眠。

3. 德国人的睡眠教育

德国人的做法值得父母们借鉴。在德国人的教育里，早早上床睡觉是孩子们的“义务”和健康的生活习惯。德国儿童有一个“法定睡觉时间”——晚上 7 点。14 岁以下的德国儿童，晚上 7 点必须上床睡觉，最晚不得超过晚上 8 点。父母到时间就会熄灭孩子房间的灯，孩子哪怕睡不着，也要躺在床上。早晨孩子们也有“法定起床时间”——早上 6 点，最晚不得超过 7 点。很多德国父母认为孩子生病时可以不吃饭，但一定要睡觉，这样免疫力会得到迅速提高。

给孩子一张合适的床

孩子的睡眠是否充足不但要看睡眠时间是否达到标准，还要看睡眠的质量。有的孩子睡眠也达到了每日 10 小时的标准，但白天仍是一副迷迷糊糊的样子，这也许是孩子的睡眠质量出了问题。有专家指出，睡眠良好的标准是：入睡顺利，入睡时间在 10—15 分钟内；整个睡眠过程从不觉醒；觉醒后有清爽、舒服的感觉。要保证孩子有高质量的睡眠，父母可以从以下几点做起。

1. 给孩子准备一张合适的床

★床的高度与宽度

床的高度一般以略高于儿童的膝盖为宜。床底下应当是空的，不要堆放杂物，否则不通风，易藏湿气。床的宽度以肩宽的 2.5—3 倍最为适宜。如果太窄了，不好翻身；太宽了，会让人产生不安心理。

在木板床、竹床、棕床、藤床、弹簧床、席梦思、沙发床等种类中，最有利于睡眠又符合生理健康要求的，应首推木板床，其次是藤床和棕床。床面要柔软舒适，能够让肌肉得到放松，但又不过度改变脊柱的生理曲度。在硬板床上加一个5—10 厘米厚的软垫即可达到以上要求。

★ 利用双层床节省空间

如果孩子的房间面积比较小，双层床是一个很好的选择。床的上层让孩子睡觉休息，下层空间可以用来放孩子的写字台。需要注意的是，双层床的护栏一定要检查好，确保安全，上下床需要提醒孩子注意，初期父母要与孩子一起适应。

★ 安全是最基本的要求

要确保儿童床牢固无倒塌的危险。边角要采用圆弧收边，摸起来光滑，不要有木刺和突出的钉子等危险物。父母还要定期检查床的接合处是否牢固，螺丝钉是否有松脱的现象。

要考虑儿童床使用材料的环保性。原木是制造儿童家具的最佳材料，取材天然不会产生对人体有害的化学物质。

2. 给孩子合适的枕头

完美的睡眠离不开舒适的枕头。最好选择无论仰睡、侧睡都能保持颈部正常生理弧度的枕头。一般而言，枕头的高度以 8—12 厘米为宜，太低容易造成“落枕”或因流入大脑的血液过多，造成次日大脑发胀、眼皮浮肿；过高会影响呼吸道畅通，易打呼噜。长期睡高枕头还容易导致颈部不适或驼背。

3. 给孩子合适的被子

孩子的被子要柔软、舒适、保暖、透气，薄厚要随季节变化。被窝温度过高会导致身体流汗过多，造成身体水分流失，也容易滋生螨虫，加上孩子会踢被子，反而容易受凉；温度过低孩子会睡不舒展，睡得累，不能缓解疲劳。被子不要太小，太小孩子会盖不好，夜里容易着凉。

4. 采取正确的睡眠姿势

★ 睡觉侧身双腿弯

俗话说“卧如弓”，这是对正确睡眠姿势的概括。正如一段儿歌唱的：“睡觉侧身双腿弯，全身放松像张弓，右卧不压心和胃，呼吸消化都舒坦。”

从生理学上讲，侧卧有利于全身肌肉的放松，这种姿势最科学。在侧卧中，右侧卧又比左侧卧更好些。仰卧（脸朝天躺着）也可以，这种姿势有利于血液循环。俯卧（趴着睡）不提倡，这种姿势会造成孩子胸部呼吸不畅。

★ 睡觉时不枕手

睡觉时两手枕在头下会影响血液循环，引起上肢麻木酸痛，还会使腹内压力升高，久之导致孩子患上“反流性食道炎”。睡觉时手托腮容易导致孩子面部发育不对称。

★ 不要蒙着被子睡

被窝里的空气是有限的，睡觉时用被子蒙着头，人不停地呼吸，氧气含量越来越少，会令人产生憋闷感，使人从梦中突然惊醒或是大喊大叫，影响睡眠。

5. 营造适宜睡眠的环境

★ 减少噪音

噪音能产生睡眠障碍。为此，怕吵的人睡觉时应关上门窗。设置窗帘不但能控制房间的日照、通风和调节光线，也能阻挡和吸收噪音。室内最好选用木质家具，因木材纤维具有多孔特性，能吸收噪音。

★ 室温适宜

温度适宜是入睡的重要条件。过冷过热或潮湿都会引起大脑皮质的兴奋，妨碍大脑皮层抑制的扩散，从而影响睡眠。

一般认为，卧室温度以保持18—20℃为宜。摆设床铺时，不要紧靠暖气片，床头不要对着暖气装置。

☆睡觉熄灯

有的孩子睡觉喜欢开着灯，也有的父母在孩子的房间里整夜开着一盏光线比较暗的灯。这些做法对孩子的睡眠都是不利的。一是扰乱身体的生物钟。人如果长期生活在灯光下，身体内控制新陈代谢的生物钟会被扰乱，使人体生物、化学系统发生改变，导致疾病发生。二是影响褪黑素的分泌。褪黑素是大脑松果体分泌的一种天然安眠物质，用于调节人体生物钟，保证良好睡眠。通常情况下，褪黑素在每天20点左右开始分泌，随后含量逐渐上升，23点后迅速升高，凌晨2—3点会达到高峰。睡眠时，周围的环境越黑，褪黑素释放量就越多。

6. 打呼噜也可能是病

打呼噜是司空见惯的事，常被认为是熟睡的表现。但是调查发现，打鼾人群的20%患有阻塞性睡眠呼吸暂停综合征（OSAS）。呼吸暂停会使血液中的氧气减少，使机体处于缺氧状态，对处于生长发育期的儿童危害很大。

当然，孩子是否患有睡眠呼吸暂停综合征还要由医生来诊断。如果孩子有打呼噜的现象，父母要引起重视。儿童的睡眠呼吸暂停综合征90%可以通过手术治疗，愈后效果也不错。

小测试

下面这个简单的测试可以让孩子做一下。

一天中打瞌睡的情形列在下面，看看你属于哪种情况。选择你打瞌睡的条目。

1. 坐着看书时 □从不 □有时 □经常 □总是

2. 看电视时 □从不 □有时 □经常 □总是

3. 上课时 □从不 □有时 □经常 □总是

4. 长时间（1 小时以上）乘车时　□从不　□有时　□经常　□总是

5. 坐着与人谈话时　□从不　□有时　□经常　□总是

6. 午餐后静坐时　□从不　□有时　□经常　□总是

7. 乘车遇到交通阻塞时　□从不　□有时　□经常　□总是

如果测试中孩子打瞌睡的现象出现得比较多，就要找一找原因，看看是睡眠的时间没有达到标准，还是孩子的睡眠质量不高，然后加以改进。

17

给孩子一个单独的房间

——独立的空间是孩子生理和心理发展的需要

得到独处的权利实际上是一切自由的开始。

——美国最高法院原大法官　威廉·奥维尔·道格拉斯

给孩子一个独立的房间，可以让孩子通过拥有“自己的领地”，对独立有所认识。

成长是一种独自的经历和体验，需要有自己的空间和时间，需要独自去探索。

父母迟迟不与孩子分房，不仅影响夫妻感情，也不利于孩子的成长。

2012 年 2 月 7 日，新学期开学的第一天，郑州一名 17 岁的高二学生梁某用残忍的手段杀害了妈妈：他先用哑铃数次猛击妈妈头部，又解下妈妈的鞋带，在她的脖子上紧紧勒了两圈，然后若无其事地上学去了。

在老师的眼中，他是个学习成绩优异、性格文静的好学生。是什么导致他如此残暴！

面对警官的讯问，他在陈述作案经过时十分平静，毫无悔意："我妈对我的学习要求太严格了，我太累了，只能用这种方法来寻求解脱……"

从小学到高中，梁某的妈妈将所有的心思都放在了孩子身上，多年来一直坚持"贴身督学"，每天晚上亲自监督儿子做作业，并且每个假期都给孩子报名参加多个培优班。为了进一步加强对儿子的监管，她不仅辞职做了全职妈妈，还在儿子的房间里放了一张小床，睡在儿子的房间里，日夜守在儿子身边！

案发后，梁某向警方这样讲述："妈妈搬进我的房间后，我感到自己快要窒息了，连睡觉的自由都没有。只要我在 5 分钟之内翻两次身，准能听到她的声音'又胡思乱想什么呢，赶紧睡。'我睡不着，却只能像僵尸一样躺着。"通过观察儿子睡觉老是辗转反侧，妈妈认定儿子的思想开小差了。所以寒假里，她不光给儿子报了 5 个培优班，还全程跟踪，监督着他没完没了地写作业。正月初七的晚上，正在做作业的梁某被窗外绚烂的烟花吸引，不禁看得入了神……突然，他的后脑勺被猛地敲了一下，接着母亲刺耳的声音响起："我已经在你后面站了 10 分钟，你没看过烟花？你有这个闲心干吗不用在书本上？你知不知道眼前这些培优资料花了妈多少钱？”说着，“哗啦”一声拉上了窗帘。

那个瞬间，他决定除掉母亲。

可以说，是妈妈的“贴身监控”逼“疯”了孩子，让他失去了理智。

梁某母亲的极端行为可能算是个案，但是在一些父母身上不同程度地存在着监控孩子的现象：孩子在写作业，他们一会儿吆喝孩子坐直了，一会儿吆喝孩子笔握得太靠下了；孩子在自己的房间里学习，他们一会儿进去看看孩子要不要喝水，一会儿又提醒孩子不要玩，要集中注意力。这样的父母被孩子形象地称为“摄像头”。

孩子需要有自己的空间

无论从生理上还是心理上，孩子都需要有一个属于自己的空间。

1. 给孩子自己的空间有利于培养独立性

动物的独立性源自对个体领地的确认。它们在幼崽逐渐长大后，会把它们赶出自己的领地，让它们去寻找新的领地，以提高它们的独立生存本领，其实长辈仍会在远处观察着它们。人类有很优越的生存环境，但“领地感”仍是重要的独立性认知。因此，给孩子一个独立的房间，可以让孩子通过拥有“自己的领地”，对独立有所认识。

2. 孩子是在大人看不见的地方长大的

一个心智成熟的人是在孤独中成长起来的，因为人只有在安静的时候，才有机会直面和审视自己的心灵。如果总是居于太吵闹的生活氛围中，就会缺少听取自己内心声音的机会。

英国爱哲希尔大学资深心理学讲师理查德·拉里指出：父母应该允许孩子有无聊的时候，无聊和“虚度光阴”能让孩子充分休息。父母不要每时每刻照看自己的孩子，而要留给他们独处的时间，给孩子自娱自乐的自由。

日本心理学大师河合隼雄说：“孩子是在大人看不见的地方长大的。”一个人长大是一种独自的经历和体验，他们需要自己的空间和时间，需要自己去探索。这个过程谁都无法替代。

3. 独立的空间可以消化孩子的不良情绪

拥有一个自由的引退之地，是医治坏情绪的良方。

给孩子一个独立的空间，也就给了孩子一个可以彻底放松的地方。当孩子情绪不好时，可以自己独处一会儿，也可以悄悄地流流泪，甚至摔摔书发泄一下，独自治疗自己的伤口。在自己的独立空间里，孩子会逐渐让自己冷静下来，消化不良情绪。如果孩子没有这样的独立空间，所有的情绪反应都在父母的视野内，可能一个小小的情绪低落会因为父母没完没了的追问，升级成一个大的情绪爆发。

父母要适时与孩子分房

有些家庭具备给孩子一个独立房间的条件，但是由于孩子的反抗一直没能与父母分房，或是孩子与父母同居一室，或是孩子与母亲住在一起。

孩子的成长是一个逐渐与父母分离的过程。很多父母觉得与孩子分床很困难往往是因为父母舍不得孩子，而不是孩子的问题。如果夫妻间有矛盾，父母也不要用孩子作为挡箭牌。迟迟不与孩子分房不仅影响夫妻感情，对孩子的成长也不利。

弗洛伊德认为，4—6岁这个阶段，孩子会对异性父母产生恋情，对同性父母产生嫉妒，以及由竞争而生憎恨。弗洛伊德称这种三角关系为“恋母情结”。他认为恋母情结是人在成长过程中都要经历的，这一情结是通过对同性父母的认同而得以克服的，并且在克服这种焦虑的过程中，孩子逐渐会拥有“超我”。但如果孩子过晚跟父母分房睡，就会导致孩子的性心理停滞在这个阶段，成为孩子长大后患焦虑症、强迫症或神经症的核心原因。

最好在孩子 3 岁的时候就与父母分房睡。如果在这个阶段没有和孩子分房睡，那么孩子即将上小学的时候是一个有利的时机。父母要跟孩子说：“你是小学生了，从此你要自己一个人睡了。”

儿童房间的要求

1. 房间的大小要合适

给孩子的房间不是越大越好，太空旷，孩子会没有安全感；房间也不能太小，太小容易让孩子感到压抑。

2. 房间的布置要征求孩子意见

为了加强孩子对自己房间的感情及拥有感，在孩子入住之前，可以和孩子一起对房子进行一下软装修，比如安装什么样的窗帘，买什么样的家具，装什么样的灯，挂什么样的画，父母都要让孩子参与。房间摆设以简洁为好。一张床、一张桌子、一把椅子、一个书架、一个衣柜，可以说是孩子房间的标配。

3. 电脑不要放在孩子的房间

需要提醒父母的是，即使家里有条件给孩子单独配备电脑，在孩子小学时期也不要给孩子的房间装电脑。孩子还没有那么强的自制力。

电脑要放在家里的公共区域内。这样客观上对孩子使用电脑能够有所约束，父母对孩子使用电脑的时间及上网内容都能监督，孩子也会心有顾忌。

4. 房间装修环保第一

儿童房的装修一定要注意装修材料及家具的选择，考虑的第一要素应当是环保。装修材料中含有苯、甲醛等有害溶剂、气体会对人的皮肤、神经系统以及肝、肾、造血系统造成损害。因此，孩子房间的装修应以实用、简约为主。装修后最好请相关机构进行室内环境检测。另外，孩子的房间要每天开门开窗通风。

父母要尊重孩子的空间权和物权

1. 进入孩子的房间要敲门

有些家庭虽然给孩子准备了单独的房间，但是父母并不尊重孩子对空间的所有感，没有让孩子独处的意识，随便进出孩子的房间。那样的话，这个空间就并不属于孩子。

给孩子一个房间，并不是一个物质的概念，而是真正地给孩子一个属于自己的领地。对于这块领地，没有孩子的允许，父母是不能进入的，关门还是开门孩子自己有权决定。房间的简单打扫应当由孩子自己负责。如果父母不理解这一点，虽然孩子单独睡在一间房里，也许房子还很大，但这个房间并没有真正属于孩子。

当然，如果家里不能给孩子一个单独的房间，最好能够给孩子一个单独的角落，让孩子有不被父母监视的自由空间。

2. 尊重孩子的物权

尊重孩子还表现在属于孩子的物品父母不能随便动。在家里，属于孩子的东西可以是玩具、图书、学习用品、衣帽鞋袜、小碗筷、小桌椅、钢琴、电子琴、运动器械，等等。这些物品无疑是成人给孩子提供的，但是既然已提供给孩子，就应明确孩子对这些物品的拥有权。

父母绝不要随意抛弃和挪动孩子的物品。当父母想丢掉孩子的东西，或是想把孩子的东西送给来家里做客的小朋友时，一定要得到孩子的允许。在家庭中养成了这样的习惯，孩子在其他的场所也会尊重他人的物权。

尊重孩子的物权，能使孩子感到自己是这些物品的真正主人，自主意识、自信心会随之增强，这对减少孩子的依赖性、逐步改变孩子的依附地位是很有好处的。在孩子的房间中，所有的物品应当由孩子自己来整理。孩子在整理物品的过程中，也会锻炼自我管理能力、动手能力，养成劳动习惯。

链接

刺猬效应

刺猬效应（Hedgehog Effect），说的是在寒冷的冬天里，两只刺猬相依取暖，一开始由于距离太近，各自的刺将对方刺得鲜血淋漓。后来它们调整了姿势，拉开了适当的距离，不但互相之间能够取暖，而且很好地保护了对方。该理论强调的是人际交往中的“心理距离效应”。刺猬效应的理论可应用于多个领域。运用在教育学中，我们可以得到如下提示：教育者与受教育者日常相处只有保持适当的距离，才能取得良好的教育效果。

18

让孩子每天运动一小时

——忽视运动等于无视孩子的健康

每天进行运动比每天喝牛奶对健康更重要。

——加拿大斯图尔特·豪斯顿博士

运动量的减少导致人体热量产生不足，引起低体温现象，而低体温会导致儿童异常行为增加等一系列问题。

当学习成绩出现“瓶颈”现象时，解决的方法是参加体育运动。

要孩子喜欢运动，父母要先动起来。

“生命在于运动。”这句话是法国启蒙思想家伏尔泰说的。睡眠、营养、运动，是让生命维持与发展不可缺少的三要素。要使生命保持在一种健康的状态，不仅要给身体需要的营养，也要保障足够的睡眠时间，还要维持适量的运动。与营养及睡眠不同的是，运动格外需要人的主观努力，因为不吃我们会感到饥饿，不睡会觉得困乏，但是缺乏运动在短期内不会让我们感到有什么不适。然而，运动给人们带来的好处却是通过很多研究证明了的。

儿童正处在生理和心理发展的敏感期，运动对于孩子来说是非常重要的。在日益严峻的社会压力下，很多学校和父母都把注意力放在了孩子的学习成绩和特长培养上，没有更好地理解运动与孩子成长的关系。事实上，运动对儿童的生理、心理和智力发展都有积极的作用，不仅能增强他们的体质，满足他们成长的需要，还能促进他们的学业。

法国波兰籍科学家、诺贝尔奖获得者居里夫人说，“科学的基础是健康的身体。”不管做什么事情，没有一个好的身体都是不可能做好的。有一个很多人认可的说法：健康是“1”，财富、事业、幸福等都是后面的“0”。如果“1”没有了，后面有再多的零也没有意义。

身体的健康是一切能力发展的前提和保障。所以，从小训练孩子，让孩子养成运动锻炼的良好习惯，可以省却爸爸妈妈很多不必要的烦恼。

运动影响孩子的成长

1. 运动是促进孩子身体健康的最佳方式

现在的父母虽然非常重视孩子的健康，但侧重点还是放在饮食和保健品上。为了防止孩子生病，有的父母会购买营养保健品来增强孩子的免疫力。而运动，作为增强孩子抗病能力的最佳方法，往往被父母忽视。对于人体来说，运动最直接的意义就是增加免疫力。免疫力提高了，就不容易生病。

日本庆应大学教授木村庆子对 20 世纪 70 年代至 90 年代东京市四年级学生的体温测量报告进行了分析，结果发现，在这 20 多年中，低体温儿童的比例急剧上升。低体温儿童免疫力低下，平时也更容易出现四肢冰凉、肩酸、腰痛的现象。更严重的是，低体温使儿童活动力降低，思考力减弱，可能会导致儿童异常行为增加。木村教授认为，低体温和孩子运动量减少有关。运动量的减少导致热量产生不足，引起低体温现象。

2. 爱好体育运动使孩子学业更成功

美国伊利诺伊大学的科学家发表研究报告指出，体育锻炼能够提高学生的注意力，从而提高学习成绩。项目负责人查尔斯·希尔曼在报告中说："此项研究的目的是证明一堂紧张而适度的体育课是否有利于提高认知能力。"共有 20 名 9 岁儿童参与了实验。他们接受了一系列刺激物辨别测试。实验结果证明，在运动了一会儿之后，孩子们在完成刺激物辨别任务时成绩更好。当测试题目难度增加时，他们的成绩明显提高。此外，与注意力有关的神经电信号也增强了。研究人员还对孩子们进行了学习能力的测试，衡量他们读写和算术的能力。结果是，体育锻炼之后接受测试的成绩比休息后测试的成绩好。

另据芬兰奥卢大学有关人员对 9000 名 15—16 岁的芬兰

青少年进行的调查发现，爱好体育运动的青少年不仅身体健康，而且在学校表现优秀，更积极上进，与同学相处融洽，学习成绩也很好。与之形成对比的是，不喜欢进行体育锻炼的青少年不仅身体较虚弱，还常常面临社交问题，容易有情感或行为障碍。研究人员表示，经常进行体育锻炼的人身体好，其记忆力和耐力也得以增强，因此他们能较好地应对学习和生活。

英国青少年体育基金会最新发布的研究成果表明，不参加体育运动的学生的学习成绩会遇到“瓶颈”。许多孩子都会遇到学习成绩达到一定水平后就难以提高的现象。遇到这种现象该怎么办呢？英国科学家的答复是：参加体育运动！

3. 体育运动可以帮助孩子更好地适应社会

每个正常的孩子最终都要走入社会，融入集体生活，学会理解与接受社会规则。对于现在的孩子来说，由于家庭人口的减少，走出自我、融入到集体之中确实需要父母费心。让孩子参加体育运动，在这方面能起到积极的作用。

北京师范大学的毛振明教授指出，一个人要适应集体，有六个要素要做好：一是共同目标；二是士气，也叫集体荣誉感；三是领导核心，要善于规劝和辅佐领导；四是职责分担，完成自己的职责；五是规则，遵守规则集体就能容纳你，不遵守规则就会遭到集体的排斥；六是共同活动。体育运动中的团体运动最能体现这六个要素。如果一个人不合群，肯定玩不了；不与人合作，没有集体荣誉感，玩不了；不与人交流，玩不了；不遵守规则，玩不了；不服从领导，玩不了。孩子通过参与一些团体运动项目，就会对集体有更好的了解，知道如何在集体中生活，如何做一个受欢迎的人，从而提高适应社会的能力。

2013 年 1 月 16 日，《中国青年报》报道了北京市海淀区清河第四小学田径队在 2012 年北京市海淀区中小学生田径运动会上连获春秋两届比赛的小学组团体总分第一名的新闻。几年来，这所条件普通的小学以竞争性和游戏性方式坚持开展中长跑运动。体育锻炼给学生带来的好处不仅是体育方面取得了好的成绩，也得到了全校学生体质状况改善的意外收获。体育老师魏波还表示，当学生在竞争和游戏活动中拼尽全力跑下来时，需要克服身体的疲劳和极限。在这个过程中，孩子们不仅经受了意志品质的磨炼，同时还培养了团队精神。

引导和培养孩子的运动习惯

1. 增强孩子的运动兴趣

增强孩子的运动兴趣对于养成运动习惯是非常重要的。为了激发孩子对锻炼的兴趣，父母可以陪孩子一起看体育新闻，到现场看比赛，或者是鼓励孩子多与爱运动、体能好的小朋友交往，让这些小朋友带动自己的孩子参加体育锻炼。

可以把一则古希腊格言与孩子一起分享。

如果你想强壮，跑步吧！

如果你想健美，跑步吧！

如果你想聪明，跑步吧！

2. 全家人一起锻炼

如果孩子不想离开电脑，或是不喜欢运动，父母怎样做才能让孩子动起来呢？

孩子更多的是从父母这儿学习健康积极的生活方式。如果父母将身体锻炼作为日常生活的一部分，孩子学起来就会更容易。也就是说，要孩子喜欢运动，父母要先动起来。每天晚饭后，全家人一起散步或快步走。跟家人一边聊天一边走，不仅时间过得快，还能让孩子感受到爸爸妈妈的爱心。这样能互相鼓励监督，也能够在运动过程中增加亲子感情。

在美国普通家庭中，孩子很小就开始尝试各种不同的体育活动，很多父母会自愿担任组织者、教练、陪练。

3. 带孩子到大自然中去

户外运动能让孩子更自由，更随心所欲。

父母可以与有孩子的同事一起带着孩子到大自然中去，在草地上、土坡上，与孩子玩毛毛虫串行活动。孩子们排成一队，组成一条“毛毛虫”。充当毛毛虫的“头”的最好是一位成年人。除这个成年人之外，其他的人全部都要把眼睛蒙上，然后在毛毛虫头的带领下走过草地、登上山坡、穿过灌木丛、绕行湖边。在这个过程中，触摸身边的植物、岩石等。活动不仅能锻炼孩子的身体，还让孩子发现了自然的美，体验到自然的神奇。

还可以找一个比较平缓的长着草的土坡，让孩子放平身体从土坡上面往下滚。

在大自然中可以做的体育活动有很多：黄昏的时候散步，春天的时候放风筝，秋风中自行车骑行，冬天里堆雪人、打雪仗，等等。

4. 多种运动方式相结合

根据儿童注意力时间不长、喜欢新奇的特点，父母可以给孩子选择一些时间短、贴近生活的运动方式。锻炼方式可以多种多样，不要只是让孩子跑步，可以把运动与游戏相结合，也可以把球类与跑步类相结合。即使是同一种运动也可以采取多种方式，比如跑步可以是蛇形跑、往返跑、接力跑多种形式；跳绳时可以尝试双脚同时跳、单脚跳、双脚轮流跳、并腿跳、分腿跳等不同的方法。

5. 让孩子参加一些集体运动项目

集体运动项目不但是一种娱乐活动，还让孩子懂得自律，树立信心。集体运动项目在培养孩子的集体主义精神、遵守规则的习惯、社交能力方面有着很好的效果，所以父母要给孩子提供一些参加集体运动项目的机会。

父母注意事项

1. 运动的时间不是越长越好

国务院发布的《关于加强青少年体育增强青少年体质的意见》明确指出：要“确保学生每天锻炼一小时”，让他们养成锻炼身体的好习惯。之所以这样规定，因为科学研究证实，45 分钟以上的有氧运动才能消耗体内脂肪库中的脂肪，时间太短效果会打折，时间太长又会影响饮食和休息。所以，“一小时锻炼”对学生强身健体而言，可以说是“刚刚好”。

加拿大运动生理学协会是加拿大体育运动、健康和健身的主要研究机构。该协会发布了针对 5 —17 岁人群的静态活动指南。根据这份指南，儿童一天中的大部分时间应从事轻微活动，如帮父母做饭、洗碗，或到户外跳绳。静坐的时间应占约 25%，其余时间则用来进行像骑自行车这样的中等强度运动和像打冰球这样的高强度运动，每天应进行至少 60 分钟中度和强度运动。

2. 不要过早地以某一项运动作为特长

不要让儿童过早地以某一项运动作为特长，要各项运动均衡进行。美国芝加哥洛约拉大学医学中心的研究发现，当孩子每周从事某种运动的时间超过其年龄时，例如一个 12 岁的少年每周打 13 个小时以上的网球，发生过度使用性损伤，如压力性骨折的风险会因此增加 70%。研究者给出建议：在进入青春期后期之前，最好不要让孩子过早选定某一种运动项目作为专长，而且要尽量避免一年到头从事某一种竞技性体育项目。

3. **运动中的安全问题不能忽视**

在运动中，父母要给孩子做好必要的保护，比如穿合适的鞋子。在进行骑车、滑冰、玩滑板、踢足球和一些其他形式的体育锻炼时，让他们穿戴好护膝、护腕、头盔等护具。有些运动父母要站在一旁，必要的时候采取一些保护措施。

4. **儿童不宜的几种运动**

儿童正处在长身体的时期，身体内的器官、组织尚未发育成熟，有些运动项目不适合他们。不适合的运动不仅不利于儿童的身体健康，反而容易造成伤害。

不宜一：拔河

拔河因为需要的场地小，又能激发孩子的集体荣誉感，是很多学校喜欢组织的运动项目，但是这种运动可能让孩子"伤心""伤筋"，因为儿童的心脏正在发育中，心脏调节功能还不完善。拔河时为了增加肌肉的力量会长时间憋气，肺部要一直保持扩张的状态，胸腔和腹腔的压力增大，造成血液回流心脏比较困难。当比赛结束时，人一放松，就会出现反射性的猛然呼气，胸腔、腹腔的压力降低，这个时候血液一下子大量涌入心脏，从而对心脏造成很大的冲击，容易损伤孩子柔薄的心房壁。举重、掰手腕等也属于憋气运动，孩子也要尽量少参加。

不宜二：力量锻炼

儿童的身体发育以骨骼生长为主，还没有进入肌肉生长的高峰期。如果过早进行肌肉负重的力量锻炼，一是会让孩子局部肌肉过分强壮，影响身体各部分匀称发育；二是会使肌肉过早受刺激变发达，给心脏等器官造成较重的负担；三是会使局部肌肉僵硬，失去正常弹性。所以，父母不要让小学阶段的孩子做引体向上、俯卧撑等力量练习。肌肉力量的练习从初中一、二年级开始比较合适。

不宜三：长跑、负重跑

长跑对人体各关节的冲击力度很大，尤其是在坚硬的马路上进行冬季长跑时，对关节冲击力更大，骨骺容易出现炎症，影响孩子身高的增长。长跑也是一项心脏负荷运动，儿童过早进行长跑会使心肌壁厚度增加，限制心腔扩张，影响心肺功能发育。事实上，我们国家有关部门在开展体育运动时也注意遵循少年儿童的年龄特点，比如教育部等部门推出的冬季长跑项目，就规定这一活动只在小学五年级以上的孩子中进行，并且推荐小学生每天跑 800—1000 米，中学生跑 2000 米。

不宜四：掰手腕

儿童四肢各关节的关节囊比较松弛，坚固性较差，掰手腕容易发生扭伤。如同拔河一样，屏气是掰手腕时的必然现象，也会对心脏壁产生过强的刺激。另外，如果长时间用一侧手臂练习掰手腕，还可能造成两侧肢体发育不均衡。

不宜五：极限运动

儿童的身体很难承受极具“挑战性”的极限运动，从事这样的运动容易造成损伤，比如超过儿童身体承受能力几倍的大运动量有可能导致儿童肌肉长期处于极度疲劳状态，造成肌肉疲劳损伤，留下运动损伤后遗症。另外，由于儿童关节中的软骨还没有完全长成，长时间过度磨损膝盖软骨，日后容易形成关节炎。研究表明，儿童时期的膝盖损伤引起成年后患关节炎的可能性会增加三四倍。

孩子运动习惯的培养不是一朝一夕的事，但是一旦养成，则会让孩子受益终生。

附表

《国家学生体质健康标准》评价指标与分值

组别	评价指标（测试项目）	分值	备注
小学一、二年级	身高标准体重	20	必测
	坐位体前屈、投沙包	40	选测一项
	50 米跑（25 米 ×2 往返跑）、立定跳远、跳绳、踢毽子	40	选测一项
小学三、四年级	身高标准体重	20	必测
	坐位体前屈、掷实心球、仰卧起坐	40	选测一项
	50 米跑（25 米 ×2 往返跑）、立定跳远、跳绳	40	选测一项
小学五、六年级	身高标准体重	10	必测
	肺活量体重指数	20	必测
	400 米跑（50 米 ×8 往返跑）、台阶测验	30	选测一项
	坐位体前屈、掷实心球、仰卧起坐、握力体重指数	20	选测一项
	50 米跑（25 米 ×2 往返跑）、立定跳远、跳绳、篮球运球、足球颠球、排球垫球	20	选测一项

19

为孩子提供一份健康早餐

——吃好早餐对孩子尤为重要

早餐如进补。

重视早餐，创造了日本的“人类体质发展奇迹”。

吃好了早餐的孩子，课堂上的最佳思维期相对较长。

一份健康早餐应当包括谷类、动物性食物、奶类、蔬果等四类食物。

早餐是一天当中的第一餐，是一天能量和营养的重要来源。享受一顿丰盛均衡的营养早餐对于精力充沛地开始一天的生活是极其重要的。

但是，仍然有一些父母认为早餐可有可无。很多家庭对早餐马马虎虎，敷衍了事。由中国疾病预防控制中心营养与食品安全所副所长、中国学生营养与健康促进会副会长兼秘书长马冠生博士主持的一项跨越 1998 年和 2008 年城市学生营养早餐的调查表明，事隔 10 年，城市学生不吃早餐的比例并没有明显的改善，早餐的营养质量反而在下降。2008 年的调查显示，小学生中不吃早餐的比例为 3%，学生当中早餐营养充足的比例是 15%—20%，也就是说，有 80% 的家庭给孩子提供的早餐是不合格的。

早餐对于儿童不可缺少

1. 早餐与儿童的身体发育

营养学家指出“早餐如进补”。对于正处于身体发育阶段的孩子来说，吃好早餐尤为重要。

如果不吃早餐，就会导致能量和蛋白质摄入不足，矿物质和维生素摄入也达不到推荐的比例，其结果必然会影响孩子的身体发育。据日本文部省统计，1960 年到 1975 年间，日本青少年身高增长了 2.8 厘米（男）和 2.5 厘米（女），被西方学者誉为“人类体质发展奇迹”。日本生理学家石河利宽教授分析日本人身高增长加速的原因认为，最首要的因素是重视营养均衡。“这是一场跨越了大半个世纪的膳食结构改革，它包括了重视早餐、从幼儿园到初中全面推广‘课间奶’、向主妇宣传每人每天摄入的膳食品种不得少于30种等多项细致入微的内容”。也就是说，重视早餐是其中一个重要的原因。

2. 早餐与儿童的学习成绩

美国波士顿儿童发育与营养研究中心的一份报告指出“经过一夜12小时不吃东西，孩子的血糖下降得很快，如果孩子不吃早餐，快到中午的时候，就会对大脑的功能产生微妙的影响，这与他们的心理思维及智能的发展密切相关”。研究显示，吃够了占全天1/3并含有优质蛋白质早餐的孩子，在课堂上的最佳思维期相对较长。

因为人的大脑对于血糖波动最为敏感，脑细胞只能从糖这一种营养素中获取能量，而不能从脂肪和蛋白质中获取，所以当血糖下降之后，大脑的兴奋性就会随之降低，思维变得迟钝，注意力不集中。儿童若在低血糖的状态下学习，成绩是不会好的。

美国休斯敦大学的研究人员发现，9—11岁营养良好的孩子中，吃早餐的孩子比不吃早餐的孩子在某些学习项目中表现更出色。另外一位美国学者迈克尔·墨菲在调查了100名青少年后，也得出了类似的结果：与很少吃早餐的孩子相比，那些经常吃早餐的孩子数学成绩高出40%，并且较少旷课和迟到。

3. 不吃早餐会导致肥胖

美国研究人员在《儿科学》杂志上发表论文说，经常按时吃早餐的儿童通常比那些不吃早餐的同龄儿童体重要轻、喜爱运动和喜欢吃健康的食物。负责这项调查的美国明尼苏达大学公众健康学院的佩雷拉说：“经常吃早餐，特别是每天都吃早餐的孩子，他们生活的各方面总体来说更健康。”调查发现，青少年吃早餐越有规律，他们的身体质量指数（BMI）就越低。那些总是不吃早餐的孩子，平均体重会比每天按时吃早饭的孩子重 2.3 公斤。

马冠生博士在分析早餐的食用频率和肥胖的关系时指出，每天吃早餐，肥胖率 11.5%; 每周吃五六次、三四次、一两次，肥胖率基本上在 13%；如果每天都不吃早餐的话，肥胖率可以达到 18%；如果天天吃早餐，可以预防超重肥胖的发展。

健康早餐的标准

一份健康的早餐应当满足以下三个原则：

干稀搭配，不吃全干食。

早晨起床后，人体的消化功能还没有醒，相对较弱，食欲也不太好。这个时候如果只给孩子吃一些面包、馒头之类的干食物，孩子不但吃不多，也不利于消化。此外，夜里身体消耗了一定的水分，也需要在早餐时得到补充，以利于机体的正常工作。

所以，孩子早上起床后第一件事是喝 200 毫升水。水的温度根据体质可以选低于体温的，也可以选高于体温的。白开水可以最快地被人体吸收，排除废物的效果也最好。一杯温开水下肚也可以起到唤醒肠胃的作用，让它们开始工作。温开水是饭前喝的，吃饭的时候也要吃一些高水分的食物，如牛奶、豆浆、粥类等。我国营养学家主张，对于发育期的儿童来说，“早一杯晚一杯”牛奶是最理想的。即使孩子起床晚了来不及吃早餐，也必须喝些牛奶、豆奶或稀饭，再给孩子带一些固体食物出门。

营养均衡，淀粉、蛋白质、矿物质、维生素一样不能少。

早餐所摄入的营养成分要占到全日营养摄入量的 1/3 左右。早餐摄入量的大小依据孩子的年龄、体质不同，应有所差异，但是在品种上来说，一份健康早餐应当包括以下四类食物：一是谷类食物，如面包、面条、馒头、米粥等；二是动物性食物，如鸡蛋、火腿肠、鸡肉、酱牛肉等；三是奶类，可以是牛奶，也可以是酸奶、奶酪等其他奶制品；四是蔬菜和水果。

这四类食物中，谷类为主食，占主要地位；动物性食物可提供优质蛋白质，供给孩子活动所需的能量；奶制品可提供钙，对孩子的骨骼生长有好处；蔬菜水果则是维生素等营养物质的来源。一份早餐如果四类食物都有的话，可以说营养是非常充足的；如果只有三类食物的话，营养虽然不全面，但是也还可以满足一般的需要；如果只有一类或者两类食物，早餐质量就不达标了。

食物要利于消化，避免过分油腻。

如果早餐吃得太油腻，就会使肠胃负担过重，导致血液长时间地集中在胃部，影响大脑的血液供应，使孩子不能将注意力集中到学习上。因此，饮食中要有一点儿脂肪，又要容易消化，动物脂肪含量不能过高。

让孩子爱上早餐

1. 孩子为什么不吃早餐

孩子为什么不吃早餐呢？这里面有父母的原因，也有孩子的原因。调查发现，孩子不吃早餐主要有以下四个方面的原因：

第一，对吃早餐的重要性认识不足。很多孩子认为早餐吃不吃无所谓，如果不吃早餐，营养可以从午餐或者晚餐里得到补充。

第二，没有时间。小学生中 41% 的孩子承认是这个原因，初中生中一半以上的孩子说没有时间吃早餐。

第三，没有胃口，早晨起来不想吃。有一半以上的小学生和 1/3 以上的初中生因为没有胃口而不吃早餐。

第四，为了控制体重、保持身材不吃早餐。小学生中 5% 是因为这个原因不吃早餐。

2. 留足时间吃早餐

孩子吃早餐的时间要充分。专家认为，早晨 7 点到 8 点吃早餐最合适，因为这个时候人的食欲最旺盛。吃早餐的时间应该是 15—20 分钟，这样有利于食物的充分消化。

如果晚上睡得太晚，早上起床时就会比较匆忙，留给孩子吃早餐的时间就会很短。所以父母要让孩子早睡早起，留有充分的时间吃早餐。

如果时间允许，可以让孩子在小区里、阳台上晨练 10 分钟再吃早餐。孩子的身体活动开了，胃肠开始积极工作，食欲也就有了。

3. 合理分配三餐

三餐分配合理更有利于孩子的健康。

晚饭不要让孩子吃得过饱，也不要让孩子吃太多肉类等不好消化的食物。如果晚上吃得太多，早晨就容易没有食欲。而早餐吃得少很快就饿了。如此就形成一个不良循环。一个好的循环应当是让孩子早餐吃好，早餐与中餐间隔 4—5 小时，比如早晨 7 点到 8 点吃早餐、12 点左右吃午餐，这个时间间隔也适宜，晚饭的时候也不会太饿。

4. 丰富早餐的食谱

如果每天都吃同样的早餐食物，即使再好吃孩子也会吃厌。父母要时不时地变换早餐的食谱，比如同样是给孩子吃鸡蛋，做法就可以有白煮蛋、煎荷包蛋、炒蛋、蒸蛋羹、蛋汤，等等。如果早上给孩子喝一杯牛奶，可以配一个鸡蛋或一份豆制品，再吃些主食。如果吃稀饭或面条，则不要忘记给稀饭配上咸蛋、酱肉或豆腐干，给面条配上荷包蛋或一块排骨。再加一些青菜和水果即可。如果给孩子喝粥的话，可以在粥中加些豆类、花生、薏米、红枣等，既能补充蛋白质，又能补充矿物质，再配上一点儿小菜，就成为既经济又营养丰富的早餐了。

每天的食谱不一样，食物结构会更科学合理，也能增进孩子的食欲，充分满足机体对各种营养物质的需求。

5. 陪孩子共进早餐

调查表明，小学生当中，父母和孩子一起吃早餐的有65%，初中生不到一半，高中生仅为1/3。在一些家庭里，孩子的早餐总是在父母的催促中吃完的，父母可能在孩子吃之前已经吃完了，或是送走孩子后自己再吃，总之早餐吃得很忙乱。

不妨换一种方式：早晨起床后，一家人一起享受一顿温馨从容的早餐，让一天有一个愉悦的开始。父母也许有过这样的体会，本来不想吃饭的，但是一家人坐在一起，看到别人吃得很香，自己受到感染也有了食欲。

做一份营养早餐并不难

很多父母都会说每天早晨像打仗一样，哪有时间给孩子做那么复杂的早餐。其实如果父母学会安排时间，给孩子一份营养全面的早餐并不难，关键是要有这份心。

一是早点儿起床。早晨早起15分钟就会感觉时间充裕很多。

二是早餐晚做。每天晚上做好第二天的早餐安排。可以在头一天晚上把水果和蔬菜洗好，包上保鲜膜，放到冰箱里。

三是早餐加工方法一定要简单，操作省时。例如，可以把煎好的鸡蛋放入烧饼中夹上点儿生菜叶、西红柿片，用微波炉热一下，再热一杯牛奶。

四是学会使用一些方便的烹饪工具。现在市场上新的烹饪工具很多，微波炉、电饭锅的功能也得到了更好的开发。

如果孩子喜欢喝粥，市场上有一种慢锅可以在晚上睡觉前把粥煮上，第二天早上粥就煮好了。起床之后关上开关，把粥盛到碗里晾着，孩子洗漱完后就可以吃了。这种锅尤其适合煮一些含豆类的粗粮粥。

用微波炉做煎鸡蛋也很方便。只要在微波炉可以使用的餐盘上抹一点儿油，把鸡蛋打在上面，用牙签把鸡蛋的那层膜扎破，包上保鲜膜放到微波炉里，一般来说，一分钟就可以了。出炉后，加一点儿生抽就很美味了。

小测试

曾经有一位记者记录下一个日本朋友家的早餐：

生鸡蛋一个、银鳕鱼一小块、熏圆腿两片、海虾两只、紫菜两片、酱菜少许、话梅一个、汤半小碗、米饭一两半、牛奶一杯。汤里有虾米、红肠、粉皮、鸡毛菜等五六样东西。

这份早餐中含有的淀粉类食物是：____________________。

这份早餐中含有的动物性食物是：____________________。

这份早餐中含有的奶类食物是：____________________。

这份早餐中含有的蔬菜水果是：____________________。

您给这份早餐打的分是：____________________。

20

补上一堂食育课，让孩子吃得更科学

——培养孩子科学的饮食习惯

食育不仅仅是通常所说的营养知识的普及，而是通过吃的实践使孩子形成对健康美味的牢固印象，把健康有益的摄食方式变成自己的嗜好、习惯。

吃什么、怎样吃才对身体有益，是要靠学习才能掌握的内容。

五谷为养，五果为助，五畜为益，五菜为充。

父母自己如果有饮食偏好，不要当着孩子的面表示自己不喜欢某种食物，否则会给孩子造成心理暗示。

在本章的开篇先提两个问题。

孩子喜欢喝牛奶，渴了就把牛奶当水喝。父母觉得牛奶是好东西，孩子爱喝家里又不是买不起，想喝就让孩子喝个够。这个父母的做法对吗？

妈妈带孩子去吃自助餐。妈妈告诉孩子使劲吃，吃少就亏了。孩子听妈妈的话吃了很多，吃到实在吃不下才停止。这个孩子是亏了还是赚了？

对这两道题，您也许不能给出正确的答案。食育可以帮助父母回答类似的问题，它是一门研究“人”与“吃”的关系的学问。

很多人可能会不屑一顾：吃还需要学吗？是的，吃是人的一种本能，但是吃什么、怎样吃才对身体有益，是要靠学习才能掌握的内容。父母和孩子都应当补上食育这一课，把食育与智育、体育并重起来。

饮食不当影响身体健康

1. 营养不良导致部分孩子成为小胖子

据调查，我国目前超重肥胖儿童已经达到 1200 万人。中国学生营养与健康促进会编写的《中国儿童少年营养与健康报告 2009》指出，超重肥胖儿童患高血压的危险是正常体重儿童的 3—4 倍，成年后患糖尿病和冠心病的风险也大大增加。肥胖还可能导致儿童出现自卑、抑郁、焦虑等异常心理，学习能力下降。

很多父母认为，胖孩子长大后自然就瘦了。这其实是一种误解。美国一项调查发现，使增加的1磅体重减下来大概需要将近1年的时间。这足以说明肥胖症治疗的困难性和艰巨性。

最新信息表明，营养过剩仅是部分“胖墩儿”肥胖的原因，另外一部分小胖子乃是起因于营养不良。因挑食、偏食等不良饮食习惯造成维生素B_6、B_{12}、烟酸等以及锌、铁等微量营养素摄入不足，体内的脂肪无法代谢为热量消耗掉，只好积存于腹部和皮下，孩子表现为体重超标，实际上却是营养不良。

2. 盐摄入超标导致山东14%中小学生血压偏高

2012年4月14日《齐鲁晚报》报道，因盐摄入严重超标，7—18岁中小学生血压偏高检出率达14%。山东省疾控中心主任毕振强介绍说：“山东省人群标准人（成年男性轻体力劳动者）日调味品食盐摄入量达12.5克，是《中国居民膳食指南》推荐量（6克）的两倍多，仅有22.16%的被调查对象知道每人每天食盐摄入量不应超过6克等减盐知识。”

3. 汽水喝多了有可能导致人的暴力行为

美国研究人员表示，他们已发现青少年的暴力行为和饮用的汽水量有着“惊人的”关联，即便只是统计学上的关联。波士顿每周饮用5罐以上非低糖汽水的高中生，出现侵犯行为的可能性比饮用较少汽水的学生高出9%—15%。

4. 家庭饮食习惯影响孩子

英国伯明翰大学的研究发现，人们常会在不知不觉中模仿他人的饮食习惯。当人们与喜欢吃高热量食物的人一起吃饭时，也会倾向于选择那些高热量食物来食用。这个结果同样说明家庭的饮食习惯对于孩子的影响很大。

上海市妇联2008年8月公布的一项对4000多名上海中小学生的抽样调查显示：不良饮食习惯困扰着许多家庭，许多父母和孩子缺乏科学饮食的基本常识，68.2%的父母对此表示担忧。对于少年儿童不宜食用哪些食物等知识的知晓率仅为10%；对于食源性疾病的预防、传播途径等知识的知晓率仅为50%。半数以上学生的调查得分均低于 60 分。

国外的食育课这样上

1. 英国：培养会照顾自己的孩子

鳄梨是一种水果还是一种蔬菜，是长在地底下还是长在树上，有什么营养价值？在英国的一所“儿童烹饪”学校里，这些知识被作为课程内容的一部分传授给孩子。在这所学校里，孩子学习怎样烹饪、怎样进行营养搭配及一些关于卫生学和食品安全的知识。

2. 德国：培养营养观，教做健康餐

德国政府近两年在全国中小学推行了“公共厨房”项目，对孩子进行体验式教育。

拥有职业营养师资格的托马斯是哈德小学的食育课老师。新学期开始第一周，托马斯先带孩子们去菜市场，让他们去闻、触摸、感受蔬菜水果等。第二周，孩子们开始在“公共厨房”里上课，通过“营养金字塔”图示认识营养知识结构。第三周，托马斯会带孩子们去超市买食品，告诉他们如何认识健康食品，如认准 8 大德国优质食品标志、有机食品、食品红绿灯等。随后几周，老师和学生一起边学饮食知识边做菜，比如怎么放盐和各种调味料、蔬果怎样吃更有营养等。

3. 日本：用动画讲解搭配禁忌

日本从小学就开始设立了“家政课”。在家政课上，食物的营养和烹调是孩子要学的最重要的内容。老师会专门讲述各种蔬菜、肉类的营养价值、烹调方法，并让孩子们自己进行烹饪体验。

老师还会告诉孩子们食物搭配中需要注意的问题，比如蜂蜜和洋葱一起吃容易腹泻。老师用孩子们熟知的动画人物讲解：蜂蜜和洋葱就像“野比和大雄一样，每次见面就会打架”（野比和大雄是《机器猫》里面的角色）。老师还会把菠菜、大青椒等比喻为“奥特曼”，能打败那些名为“贫血”“软骨”的怪兽。

培养孩子健康的饮食习惯

1. 关注食物的营养而不是只关注食物的色香味

中国人的饮食讲究色香味俱全，很多菜的做法加工过度、调料过多，存在着重油、高盐、高糖等问题。“三高”饮食已被证明和很多疾病关系密切，如果每天都吃这样的食物会给身体带来伤害。所以，对于孩子的饮食应当坚持少油、少盐、少糖，少给孩子吃一些深加工的食物，多吃一些天然美味。

几年前，我在参观日本一所小学的时候，与小学生们一起吃了一顿午餐。午餐的主食是米饭，此外还有一小盒牛奶、一个苹果。米饭上撒了几粒炒熟的芝麻和一些萝卜制成的咸菜。菜是胡萝卜、土豆、白萝卜混在一起的炖菜，味道很淡，有些发甜，谈不上色更谈不上香，吃起来真的有些难以下咽，但是小学生们吃得都很好。

2. 不要挑食，营养均衡

《黄帝内经》里讲：“五谷为养，五果为助，五畜为益，五菜为充。”“五谷”是指稻、麦、黍、稷、菽五种粮食作物。在古代中医看来，一日三餐中不可缺少的就是各种谷物，也是对人体最为滋养的，因此在每顿饭中应当多吃主食。而水果、蔬菜和肉类等都是作为主食的辅助和补充。

在食物的摄入上，可以按照中国营养学会提供的饮食金字塔来安排。

有些孩子有饮食偏好，如果不是太严重就不要盯着孩子改正。我们并不能让一个人喜欢所有的食物。需要注意的是，父母自己如果有饮食偏好，不要当着孩子的面评价不喜欢某种食物，否则会给孩子造成心理暗示，导致孩子对此食物的厌恶。

3. 健康吃零食

饮食金字塔

零食已成为儿童膳食构成中不可忽视的组成部分。2007 年中国疾病预防控制中心营养食品所开展的中国居民零食专项调研显示，60% 以上 3—17 岁的儿童和青少年每天都吃零食。在不影响正餐的前提下，孩子吃一些零食作为补充是合理的，但是如何吃、吃什么、吃多少是需要关注的问题。

2007 年 8 月，卫生部疾病预防控制局发布了中国首部《儿童青少年零食消费指南》，将零食分为可经常食用、适当食用、限制食用三级，并针对 3—17 岁儿童和青少年提出指导意见，应选择新鲜、天然、易消化的奶类、果蔬类、坚果类食物，少吃油炸、过甜、过咸的零食。

4. 少在外面吃饭

餐馆做的食物为了让客人爱吃往往重口味，这样能够吸引回头客。吃惯了味道重的东西再吃清淡的食物就会觉得没有味道。如果在外面就餐多了，口味就会越吃越重。另一方面，有的餐馆为获取更多的利润，用的食材价格低廉，很难保证质量，所以尽量少在外面就餐。

5. 环保意识

人们所吃的食物都来自大自然的馈赠，所以吃不能是一件人类太自我的事情——什么都吃、无限度地吃。那样也许会有一天这个地球上就剩下人类自己孤独地生存，时间也不会长。我非常欣赏姚明代言的保护鲨鱼的广告词——“没有买卖，就没有杀戮。”

从另一个角度来说，有些食物的吃法也会让人染上疾病，所以在吃上讲究环保，不仅是为了保护大自然中的动植物和人类的生存环境，也是直接对人类的保护。

6. 欣赏食物的美

食物中也蕴含着艺术，父母应当引导孩子学会欣赏食物中的美。比如，从各种蔬菜搭配在一起拌成的沙拉中看出什么，不同年龄的南瓜颜色有什么不同，各种颜色的米煮成的五色饭有什么象征意义。带着孩子进行这样的想象，让孩子养成欣赏食物的习惯，吃起饭来也不会那么狼吞虎咽。

7. 珍惜粮食教育

现在的孩子大多对农事不了解。在他们看来，大米是超市生产的，西红柿是长在树上的，猪只在电视上见过。父母可以带孩子到农村看看，让孩子了解食物是怎么来的，从而更加珍惜“盘中餐”。

8. 了解饮食文化

饮食文化是民族文化的重要组成部分。材料的选用、制作的方法、食物名称的特殊含义等都是饮食文化的体现。父母可以结合本地饮食风俗让孩子认识饮食与地域、气候的关系，也可以在带孩子外出旅游的时候，品尝各地的特色食品，与孩子一起探讨这些特色食品的由来。

9. 给孩子创造良好的就餐环境

对于很多中国家庭来说，饭桌是家人团聚的地方。吃饭的时候不要催促孩子，不要对孩子说教，这会影响孩子的消化，也会让孩子留下不愉快的记忆。可以聊一些轻松的话题，让孩子专心享受食物带来的快感。

10. 让孩子下厨

在家庭里，让孩子参与到烹饪中可以让他更好地了解食物的制作过程，知道食材原本是什么样子的。美国加州理工学院是美国乃至全世界最“牛”的研究型学府之一，您可能想不到在这所大学里竟安排了烹饪课，并且受到学生欢迎。

总结起来，食育的基本理念就是使每个人通过愉快、简单的教育建立健康科学的饮食方式。这不仅仅是通常所说的营养知识普及，而是通过吃的实践使每个人形成对健康美味的牢固印象，使人们把良好的饮食习惯、健康有益的食谱和摄食方式变成自己的嗜好、习惯。

小资料

可经常食用的零食

低脂、低盐、低糖类：水煮蛋，无糖或低糖燕麦片，煮玉米，全麦面包，全麦饼干，豆浆，烤黄豆，香蕉，西红柿，黄瓜，梨，桃，苹果，柑橘，西瓜，葡萄，纯鲜牛奶，纯酸奶，瓜子，大杏仁，松子，榛子，蒸（煮、烤）制的红薯、土豆，不加糖的鲜榨橙汁、西瓜汁、芹菜汁等。

可适当食用的零食

中等量的脂肪、盐、糖类：黑巧克力，牛肉片，松花蛋，火腿肠，酱鸭翅，肉脯，卤蛋，鱼片，蛋糕，月饼，怪味蚕豆，卤豆干，海苔片，苹果干，葡萄干，奶酪，奶片，琥珀核桃仁，花生酱，盐焗腰果，甘薯球，干地瓜干，果汁含量超过30%的果（蔬）饮料，如咖啡、山楂饮料、杏仁露、乳酸饮料等，鲜奶冰淇淋，水果冰淇淋等。

限制食用的零食

高糖、高盐、高脂肪类：棉花糖、奶糖、糖豆、软糖、水果糖、话梅糖、炸鸡块、炸鸡翅、炸鸡翅根、膨化食品、巧克力派、奶油夹心饼干、方便面、奶油蛋糕、罐头、蜜枣脯、胡萝卜脯、苹果脯、炼乳、炸薯片、可乐、雪糕、冰淇淋等。

（摘自《儿童青少年零食消费指南》）

21

您的孩子身边有没有一个好朋友

——交往能力影响孩子的一生

得不到友谊的人将是终身可怜的孤独者，没有友情的社会则只是一片繁华的沙漠。

——培根

朋友是人们给自己找的亲人。对于孩子来说，伙伴是他的成长路上的同行者，有了朋友，成长之路不会那么孤单，也更有勇气体验生活中的许多第一次。

子女对父亲，更多的是尊敬，而不是友谊。友谊需要交流，父子之间太不平等，不可能有这种交流。

——法国思想家　蒙田

孩子从小有异性朋友可以减少对异性的性好奇，有益于进入青春期后正确处理与异性的关系。

表弟:“你将来会给你的宝宝买手机吗?”

表姐:“还没想过这个问题。”

表弟神情庄重地说:“你一定要给他买,否则别的小朋友聊什么他都不知道,他没法跟别的小朋友交流。”

这是发生在表姐和表弟之间的对话,对话中的表姐刚刚生完宝宝一个月,表弟读小学五年级。这段对话让我有些惊讶,从中听出了一个小孩子的智慧。

首先,面对成年人给小婴孩买礼物、疼爱地抱那个小生命的行为,他也想表达自己的爱,于是他用自己的人生经验给表姐提建议,告诉她孩子的期望是什么,为那个出生才一个月的小人儿争取着权利。

其次,他在告诉成年人,对于一个孩子来说,小朋友的认可、能够融入朋友之中是多么重要的一件事。

孩子的成长有几个重要的阶段。在不同的成长阶段,对孩子有重要影响的人也发生着变化。幼儿阶段,爸爸妈妈对于他们是绝对的权威。在这个阶段,我们经常可以听到孩子说的话是“我妈妈说”“我爸爸说”等。随着年龄的增长,进入学龄阶段后,同伴的影响越来越大,孩子喜欢穿什么衣服、玩什么游戏、用什么文具、看什么书等,很大程度上是受朋友的影响。他们的归属感从家庭转向了同伴。他们需要伙伴的接纳,从中获得精神的寄托。

孩子需要朋友

1. 朋友第一，父母第二

2012 年，儿童虚拟互动社区摩尔庄园发起了一项在线调查。在为期近一个月的在线问卷调查中，共有 156737 名青少年参与调查，其中近六成为小学生，35% 为初中生。在关于和谁一起分享快乐、保守秘密和向谁寻求帮助这三个问题的调查中，位列第一的选项全部是“自己的小伙伴”。

同伴在孩子的心目中为什么如此重要呢？

同伴交往对于孩子来说至少有三个方面的功能。一是给孩子提供情感宣泄的机会。人是情感动物，有了高兴的事需要与人分享，有了烦恼也需要找人倾诉。通过与同伴的交流，孩子的情绪得到了宣泄。二是同伴交往能提供解决问题的榜样。孩子在成长过程中总会遇到挫折和困惑。如何解决这些问题？这个时候，伙伴就成了最好的参谋和榜样。因为年龄相当，他们的经验更具有参考性。同时，伙伴也不会像成年人那样有一种居高临下的感觉。三是交往中的互动可以对孩子的行为做出反馈，促使孩子学会调整自己，由此学会遵守规则，比如有的孩子凡事都想争先，玩游戏总是要自己说了算，伙伴们就不愿意跟他玩了。在交往中，孩子逐渐认识到这样做自己会成为不受欢迎的人。如果想要继续和伙伴一起玩，只有改变自己的行为。

人们说，朋友是你给自己找的亲人。对于孩子来说，伙伴是他们成长路上的同行者，彼此搀扶着，共同经历着，会使自己的成长之路不那么孤单，也更有勇气体验生活中的许多第一次。

现在不少父母已经注意到孩子对于玩伴的需要，于是尽量抽时间陪孩子玩。但是父母的陪伴是不能代替同伴交往的。

法国思想家蒙田曾经说：“子女对父亲，更多的是尊敬，而不是友谊。友谊需要交流，父子之间太不平等，不可能有这种交流。”儿童时代对于成年人来说已经是遥远的过去，想让一个成年人像孩子那样思考、行动是一件不可能的事。父母不可能真正成为孩子的朋友，更不可能取代孩子的朋友。

2. 孩子需要同伴，也需要友谊

一些父母经常把孩子的友谊关系与孩子的同伴群体关系混为一谈。这两种关系其实还是有区别的。同伴群体关系是指孩子在群体中是否被接纳，是否受欢迎。儿童的友谊则是指孩子是否有好朋友。

一个同伴群体关系好的人不一定有好朋友。这样的孩子在班里跟谁都好，你问他谁是他的好朋友，他或者说班上的同学都是他的好朋友，或者会说“一个都没有”。这样的孩子也许是以克制自我的方式让群体接受了他，但他可能并不能从中体会到快乐。他做的事都是别人喜欢的，但很多可能是违背他意愿的。

有的孩子虽然在群体中不太显眼，但他却有一个特别好的朋友。他们或是有共同的爱好，或是脾气性格相投，也可能是因为住得比较近。这个朋友是他的精神依赖。有了这个朋友，他可以承受群体对他的不在意。他们彼此温暖着，不会感到孤单。这样的体会成年人也会在生活中感受到，比如你去参加一个活动，活动中你一个人都不认识，别人都在聊天，你会有一种被孤立的感觉。但如果你和你的朋友一起去，即使其他人都不认识你也没关系，因为你旁边有一个熟悉的人，少了许多畏惧。

对于儿童来说，同伴群体和友谊都很重要。一个孩子如果不被同伴接受或是受到有意的排斥，他会感到孤独、焦虑和抑郁，由此可能导致厌学、辍学、打架等问题行为的发生，甚至到了青春期的时候出现反社会行为。

一个孩子如果没有朋友，对他的伤害更大。据国外的研究，友谊比同伴接纳更有助于减少儿童的孤独感，更直接推动儿童社会技能的发展。齐克·鲁宾在《青梅竹马》一书中说，许多心理学家认为在进入青春期前和青春期前期，孩子如果不能找到亲密朋友，他们就永远也不会了解亲密关系的真谛。这一阶段，朋友之间通过分享情感、分担困难与矛盾会形成一生中最深厚的友谊。这将是他们一生的财富。

对于现在的孩子来说，友谊比同伴群体关系更缺乏。只要孩子正常上学，班集体就可以给孩子提供一个同伴群体，可是友谊因为更亲密，一起分享的东西更多，需要孩子自己构建。

3. 孩子需要同性朋友，也需要异性朋友

人类世界分为男女两性，每个人都要在两性世界中生存，所以孩子不仅应当有同性的好朋友，也应当有异性的好朋友。与异性的交往从抹泥之交开始，遇到对异性不解的问题进行求解，可以减少孩子对异性的性好奇。这对于孩子进入青春期之后正确处理与异性之间的关系也是有益的。这样成长起来的孩子不仅对异性有更多的了解，与异性相处起来更融洽，而且也会从异性朋友身上学到一些异性的优势人格。

给孩子创造交友的条件

父母认识到朋友对于孩子的重要性还不够，还要帮助孩子交朋友，给孩子创造交友的有利条件。

1. 观念要正确

父母对于孩子的交友不要有功利心，不要把成人世界的一些东西带入孩子的生活。

孩子朋友的家庭一定要有钱吗？或者说，一定要与自己的生活条件相当吗？答案是“否”。对于孩子来说，朋友的家庭是否有钱并不重要。如果孩子从不知道生活条件比自己差的人是如何生活的，那么他对世界的认识一定是不全面的。

孩子的朋友学习成绩一定要好吗？一定要是优等生吗？答案是“否”。交朋友的目的并不在于提高学习成绩，有的是为了感情表达的需要，有的是为了互相帮助。有的孩子虽然学习不好，但是很善良，或是很勇敢，或是很宽容，这些品质也是孩子需要的。霍桑曾说过：“能够养成一种与自己不同的人交往的习惯，将会对一个人道德与知性健康的培养有极大的贡献。”

2. 善待孩子就要善待孩子的朋友

有些父母对孩子交往的朋友可能不太满意，但父母的不满要放在心里，一定不要当着孩子和孩子朋友的面，拉下脸给孩子的朋友难堪，那就是在伤孩子的面子。对于孩子来说，朋友是自己选的，你贬低他的朋友就等于在贬低他选朋友的眼光，贬低他的能力。

需要说明的是，一旦孩子进入中学，如果父母发现孩子交往的朋友品行上有问题，例如偷窃、说谎等，父母还是要对孩子的交友进行干预。但干预不是断然制止孩子的交往，也不是说孩子朋友的坏话，如“你交的那个朋友一看就不是好人”“跟他能学什么”之类的话，这样的做法只能引起孩子的逆反情绪。

3. 抓住孩子建立友谊的关键期

孩子刚刚加入一个新集体的时候，是孩子建立伙伴关系的关键期。对于孩子所处的集体是否能够接纳孩子，父母干预起来难度稍大一些，也需要一定的时间才能见成效。父母如果觉得自己的孩子在伙伴交往方面有问题，最好的方法就是给孩子找一个亲密的伙伴，让孩子内心有安全感，伴随孩子度过与集体的陌生期。对于内向一些的孩子，或是在某方面发展有些迟缓的孩子，这个朋友相当重要。

4. 参加同事、朋友聚会时带上孩子

由于现代生活的影响，孩子除同学之外，认识其他朋友的途径非常有限。父母要给孩子广开朋友源。父母可以在一些同学聚会、朋友聚会时，相互约定带上自己的孩子。孩子的年龄可能会有些差距，这也没关系，不同年龄之间孩子的交往也是有益的。需要提醒父母的是，参加聚会的时候最好不要让孩子带电子产品，因为如果带着这些东西，孩子就觉得没有与他人交往的必要。聚会中也不要攀比孩子的学习状况，孩子在班里考了多少分、上哪些课外班都不要作为聚会的话题，否则下一次聚会很难再动员孩子参加。

5. 认识孩子的朋友

对于父母来说，孩子交了什么样的朋友应该要作了解，父母也可以通过与孩子朋友的交往更深入地了解自己的孩子。但父母对于孩子朋友的了解大多限于学校门口的匆匆一瞥，或是孩子口中传出的只言片语。凭这些父母很难对孩子的朋友状况做出判断。

一般情况下，孩子们的聚会父母很难参与其中，但是父母可以在孩子们去看电影或是参加一些活动的时候，给孩子们当司机，或是在外面请孩子们一起吃顿他们喜欢的“时尚”饭，当孩子谈起自己的朋友时只提供耳朵，不忙着发表意见，等等。总之，认识了孩子的朋友，引导孩子的交友行为才有可能。

6. 满足孩子的合理要求

很多时候，孩子要求父母买一件物品的理由往往是“同学们都有”。如果孩子要求买一样东西对于家庭来说不是太困难的话，还是要考虑买给孩子。从父母的立场出发，那可能是无用的东西，但对于孩子来说，那是他融入集体的一张门票。没有这张票，他进入那个群体可能就会困难一些。

培养孩子的交往能力

影响孩子结交伙伴最基本的因素，除父母是否给孩子创造认识朋友的机会以外，就是孩子的交友能力。

1. 遵守规则

人与人的交往最重要的是遵守规则。例如，少数服从多数、做事有先来后到、遵守时间等，遵守规则可以说是孩子能够融入集体的基础。

2. 学会相互包容

人要在一起生活就不能以自我为中心。如果凡事都从自己的立场出发，以自己的喜好为标准，忽视他人的感受，这样的人谁都不会与他交朋友。

3. 不过分迁就朋友

与朋友交往不能失去自我，不能为了交朋友就一味地迁就他人。如果一味地只考虑他人的感受，自己觉得不愉快，这样的友谊不会长久，因为自己不舒服，别人也不会舒服。

4. 学会给同伴提供情绪支持

朋友交往应当是共同承担痛苦、分享快乐。因此，父母要培养孩子安慰、劝解同伴的能力，让他们学习如何从情绪上支持同伴渡过难关。

5. 学会拒绝不合理要求

做朋友并不意味着朋友做的事情自己都要赞同、提出的要求自己都要满足。学会拒绝也是与人交往中的重要能力。

小测试

做做以下测试，看看自己对孩子的交友情况了解多少。如果回答不出来，可以找机会与孩子交流。

您的孩子有____个好朋友。

他们的名字是____。

他最喜欢的同学是____________________________________。

他最喜欢那个女生（男生）是因为____________________________________。

他有了高兴的事最想一起分享的人是__________________。

22

在孩子的心中树立一个榜样

——家庭教育身教重于言教

如果你自己都不准备去有所成就，你也不能期望你的孩子去做什么。

——美国教育家　克莱尔

心中有了伟大的人物做榜样，即使我们达不到伟人的高度，但是面朝太阳，心里就会有更多的光明和对光明的向往。

不要以为只有你们同孩子谈话和教导孩子、吩咐孩子的时候，才是在教育孩子。在你们生活的每一瞬间，你们怎样穿衣，怎样跟别人说话，怎样表示欢欣和不快，怎样对待朋友和仇敌，怎样笑，怎样读报……所有这一切，对孩子都有很大的教育意义。

——苏联教育家　苏霍姆林斯基

让孩子向榜样学习，不要非把自己的孩子贬得一无是处。

海因里希·海涅是德国著名抒情诗人，著有《青春的苦恼》《抒情插曲》《还乡集》等组诗。他不仅擅长诗歌、游记和散文的创作，还撰写了不少思想深邃的文艺评论和其他论著，给后世留下了一笔丰富而宝贵的精神财富。

小时候的海涅是一个令许多老师讨厌的学生。他逃课，欺负低年级学生，搞恶作剧……

他也有闪光点，比如他的作文就写得很好。但是，他的优点全被他的糟糕行为遮住了，因此在巴拉克老师出现之前，他听不到一句赞赏的话。巴拉克老师却从海涅写的文章中发现了他诗人的天赋。于是，在给海涅一篇作文的评语中，巴拉克老师写道："孩子，你一定能成为像歌德一样伟大的诗人。"

看到这条评语，海涅惊呆了。他满脸怀疑地问巴拉克老师："我真的能成为像歌德那样伟大的诗人吗？"

巴拉克老师摸着他的头说："是的，你能！不过，有一条你要记住，要像歌德一样伟大，你必须向歌德学习。"

从此以后，海涅像变了个人：老师说歌德文明，他就不再说一句脏话；老师说歌德上课专心听讲，他成了班上最认真听讲的学生；老师说歌德勤奋，一个学期下来，他的文章写满了六大本……

歌德成了竖立在他心中的一面旗帜。在这面旗帜的引领下，他努力改变着自己，向歌德靠近，终于成为德国文学史上继歌德之后最伟大的诗人、散文家和思想家。

成名之后的海涅在给巴拉克老师的信中这样写道："是你给了我一面旗帜，让我在前进的路上有了方向和目标。"

父母总是对孩子抱有无限的希望，提出种种要求。有时因为父母说得太多，孩子往往听得厌烦了；有时父母说得太抽象，孩子对父母的话并不理解，比如父母总是说“你要努力学习”，可是孩子觉得已经很努力了，怎样才叫努力呢；有时父母表现得有点儿贪心，希望把所有优秀人物的优点都集于孩子一身，孩子觉得自己根本就做不到……

儿童有儿童的特点，他们善于模仿。在孩子的心里树立一个具体的人物榜样，让孩子有具体的奋斗目标，这样的教育方式更适合儿童。

给孩子找一个榜样

在不同的时期，父母要给孩子树立适宜的榜样。这个榜样可以是一个假想的、虚拟的人物，例如孩子喜欢的童话人物，也可以是生活中孩子喜欢的一个人。

在孩子小学低年级的时候，父母可以把孩子喜欢的童话人物作为孩子的榜样。当孩子行为不当的时候，父母可以让孩子想想这个童话中的人物是如何做的。孩子因为非常喜欢这个人物，又对童话故事很熟悉，因此父母与孩子有共同的语境，只要稍加点拨，孩子就明白了。

对于小学中年级段的孩子，父母可以给孩子买一些人物故事书。书中会收集许多名人少年时代的故事，孩子可以从中找到有学习意义的人与事。

到了小学高年级段，父母可以引导孩子阅读一些人物传记，完整地阅读一个人物的成长经历和成就，看看这个人一生的努力，他是如何思考问题的，是如何对待时间的，面对困难采取了什么样的态度。如果喜欢这个人物，孩子就会以他为榜样，积极向这个人物学习，从而影响自己的一生。

全国优秀班主任魏书生老师20多年以来都坚持并呼吁，在学生的书桌里放一本伟人或名人传记。他认为伟人对学生的鼓舞力量是巨大的。他说："一个凡人，始终不渝地崇拜着一位伟人，他一定能减少许多庸人层次的烦恼，一定能较容易地使自己摆脱低层次社会现象的缠绕，从而使自己在许多问题上能超凡脱俗。"

即使我们达不到伟人的高度，但是面朝太阳，心里就会有更多的光明和对光明的向往。

父母是孩子的榜样

1. 父母的示范是全面的

父母与孩子接触密切，给孩子做出的示范往往是全面的。苏联教育家苏霍姆林斯基说："不要以为只有你们同孩子谈话和教导孩子、吩咐孩子的时候，才是在教育孩子。在你们生活的每一瞬间，你们怎样穿衣，怎样跟别人说话，怎样表示欢欣和不快，怎样对待朋友和仇敌，怎样笑，怎样读报……所有这一切，对孩子都有很大的教育意义。"

如果父母希望有一个热爱学习的孩子，自己就应当是一个热爱学习的人。如果父母整日把业余时间耗费在打麻将、玩电脑游戏中，却总是要求孩子要好好学习，这样的说教是苍白无力的。

父母每时每刻都在给孩子做着示范。对于父母来说，最重要的是，凡事都要想想"我在做什么？""我希望我的孩子也这样做吗？"要知道，当父母凡事都抱怨的时候，实际上是在给孩子传递着负能量，让孩子养成消极悲观的思维模式。

2. 父母要努力活出自己的人生

在接听"家教热线"的过程中，我曾经遇到过这样一位焦虑的父亲。这位父亲在有了孩子以后就把全部精力都放到了孩子身上。孩子上小学后，他下岗了，于是不再出去工作，一心管理孩子的学习，给孩子买各种学习资料，陪孩子上各种课外班。但是，让他失望的是，孩子反而越来越不爱学习，甚至有些自暴自弃了。询问孩子的种种情况后，我认为父亲对孩子的过度关注、过高期望是造成问题的主要原因，于是建议父亲出去工作。但是父亲说，自己的学历很低，找不到好的工作，太辛苦的工作又做不了。当听到这里的时候，我更坚定了自己的判断。

父亲对自己失去信心，怎么能让孩子信心满满？父亲嫌工作辛苦不愿意做，怎么能让孩子做到勇于吃苦、克服学习上的一切困难？工作对于父亲来说是辛苦的，学习对于孩子来说同样不轻松。

这位父亲并不是个案。中国社会科学院的调查显示，“子女发展期望”成为中国人人生第一动力，高于个人发展需求。以子女的人生为自己人生的人经常会有一些典型的语言，诸如“我这辈子是没什么希望了，就指望孩子了”“我没有实现的理想要靠我儿子来实现”“挣钱不就是为了孩子吗？”这看似是一种母爱（父爱），但是也包含着为自己事业无成而推卸责任的意思。一旦人们给自己找好退路，就可能自我放任。遇到困难时，在努力逾越与放弃之间往往会选择后者。于是本该自己学习的时候，眼睛却只盯在孩子的学习上。这也是为什么在今天，父母重视家庭教育却不去学习如何做一个好父母，只是一味催着孩子学习的原因。

问题是，如果父母不想付出辛苦、活出自己人生的精彩，凭什么要求孩子努力上进？孩子是否也可以说：“我要把希望放在我将来孩子的身上？”

父母要自尊自爱，要尊重自己的工作。不管从事怎样的职业，都应该为之自豪。

父母要做一个有社会责任感的人，积极参与社会公益活动。这会让孩子对父母产生崇敬之情。

父母要乐观，热爱生活，给孩子营造乐观的家庭环境。在这种氛围的熏陶下，孩子也将拥有一颗乐观的心。

3. 父母要以自身的行为引导孩子

当父母发现孩子行为不当时，可以有意识地用自身的行为说话，用正确的行为给孩子做示范，让孩子意识到自己行为的错误。

钱学森的儿子钱永刚小的时候比较顽皮，他常常把家里所有的玩具摆放一地，玩得不亦乐乎。当炊事员叫他吃饭时，他要么说等一下，要么说不想吃，继续玩。有时实在饿了，他便手也不洗直奔饭桌。吃饭的时候，肥肉、鱼刺和骨头总是乱丢在桌上。觉得菜不好吃时，他就会大叫："这个太咸。这个太辣。这个没煮烂……"

钱学森没有批评孩子，只是很注意自己的一举一动。每当炊事员叫"开饭啰"，钱学森手中就是有再重要的工作，都会立即停下来，洗好手，上桌吃饭。他来吃饭时都穿得整整齐齐，从来不穿拖鞋、背心。吃饭前，他会对炊事员说："辛苦了！"看到有新鲜菜、有新的做法的菜、有好吃的食物，他都会表扬炊事员。他吃饭吃得非常认真，细嚼慢咽，吃剩下的骨头用碗装好。他碗里总是吃得一粒米不剩，桌面上也没有汤渍。

父亲的一举一动、一言一行逐渐影响了孩子。后来，钱永刚也养成了良好的吃饭习惯和行为举止，学会了尊重别人的劳动。

钱学森不教孩子怎么做，而是让孩子"有样学样"。

树榜样不是拿孩子跟榜样比

孩子的成长需要榜样，但父母要使用正确的方式方法，发挥榜样的良好示范和正向激励功能，而不是拿孩子来和榜样比较，更不是攀比。方法使用不当，“榜样”的压力会给孩子带来副作用。

网上曾经流行一个名为“别人家的孩子”的帖子：

> 从小我就有个宿敌叫“别人家的孩子”。这个孩子不玩游戏，不聊 QQ，天天就知道学习，回回考试年级第一。
>
> 这个孩子可以九门功课同步学，妈妈从来不用担心他的学习。这个孩子考清华，望北大，能考硕士、博士、圣斗士，还能升级黄金、白金和水晶级。
>
> 他不看星座，不看漫画，看到电脑就想骂娘。这个孩子琴棋书画样样精通，甚至会刀枪剑戟斧钥钩叉，而我们只会吃喝拉撒。
>
> 这个孩子长得好看，写字好看，成绩单也好看，就连他的手指甲都是双眼皮的。
>
> ……

中国青少年研究中心于 2011 年 5 月在全国开展了少年儿童的偶像与榜样研究调查，在六省市随机抽取普通中小学发放调查问卷，调查对象为小学三年级至高中二年级的在校学生。调查发现，分别有 36.4% 的小学生、50.4% 的初中生和 50.2% 的高中生认为“（父母）老和别人比较，看不到自己孩子的优点”，孩子们认为这是父母给他们树榜样时存在的最突出的问题；41.3% 的小学生、55.3% 的初中生和

59.5% 的高中生最不喜欢父母说“如果你像 ××× 一样，我就省心了”。

一个反差太强烈的榜样，以及父母天天挂在嘴边的贬此褒彼的言语，给孩子带来的心理暗示往往是：

——我的任何努力都得不到你们的肯定，因为我怎么做也不会有“榜样”那样出色；

——我不如“榜样”优秀，爸爸妈妈不喜欢我；

——我给爸爸妈妈丢脸了；

——如果“榜样”是爸爸妈妈的孩子，他们一定会更开心。

让一个孩子每时每刻都经历这样的挫败感是残酷的。这会让孩子自暴自弃，或是把自己的压抑归咎于“榜样”，认为自己之所以要过这样的生活都是因为“别人家的孩子”的存在。如果他消失了，自己的生活就不会这么悲惨了。

2010 年 12 月 2 日《大河报》曾报道了这样的事件：2010 年 11 月 20 日，河南省确山县某初中学生 14 岁的小方，毒杀了同校两名同学小明、小亮。小方向警方供述了作案原因。小明学习成绩优秀，他的学习成绩一般，父母常拿小明与他作比较，他很烦，于是产生了要让小明“从地球上消失”的念头。

在同龄人中给孩子找榜样是促进孩子成长的好方法，但是父母需要注意两点。

一是不要只盯着别人家孩子的学习成绩，只作单一的比较。父母要把比较的范围放大，涉及孩子成长过程的各个领域，比如自己的孩子学习可能不太好，但是也许能游泳、会做饭、会做航模，在小伙伴中有号召力，等等。要告诉孩子：“其实，你在很多方面也是别人的榜样。”给孩子树立一个品德好的榜样，让孩子更容易学习，可学性也更高。

二是不要只盯着别人家孩子的好，数落自己孩子的不是。以己之短，较人之长，会越比越沮丧，越比越没有信心。每个孩子都有自己的长处，让孩子向榜样学习不必非把自己的孩子贬得一无是处。父母平时要做一个有心人，仔细观察孩子的长处。在表扬完榜样后，接着表扬自己的孩子，这样的方式更能让孩子接受同伴的优点，而不是产生抵触和嫉恨情绪。

延展阅读

我国著名的社会学家费孝通在《忆小学乡土教育》一文中回忆了父亲对自己的影响。他写道："我在吴江小学读书时，我的父亲是江苏省的视学，视学就是教育督导员。他一年中大部分时间在江苏省境内巡回视察各地的学校，回家期间忙于写视察报告。我常见他书桌上堆满了各地收集来的材料和笔记。有时我出于好奇，趁他不在时，偷偷地去翻阅这些材料。虽然有很多看不懂，现在还记得的是他随班听课的记录，还有评语，如某某教师讲解得扼要明白，等等。他的视察其实就是有关当时教育的实地调查。他并没有料到，在他的儿子中会有人继承了他的调查工作。他并没有在我面前讲过要了解社会必须亲自去看去问的道理，但是他做出了身教。身教显然比言教更起作用。"

23

给孩子找一个“手拉手”小伙伴

——让孩子接触社会的最好方式是带着孩子去帮助他人

人在本质上是社会性的动物……不能过社会生活的个体，或者自以为不需要因而不参与社会生活的个体，不是兽类就是上帝。

——亚里士多德

对孩子进行社会规范教育的最好方式，就是让孩子融入社会，在社会中做事。

当孩子被人需要的时候，就是孩子的价值感建立的时候。

帮助别人的时候，千万不要期望别人说感谢的话，而应当意识到，是他们让我们感觉到自己是有用的。

教育的目标是将孩子培养成为一个社会人。儿童的社会化是儿童成长的重要任务。所谓儿童社会化，就是指让儿童通过个人与社会的互动，获得语言、思维、情感等能力和最初行为的方式，逐步了解社会、掌握生存能力的过程。在这个过程中，儿童要学会多种知识与技能，他们要学会说话、吃饭、穿衣；分清你我他，学会与他人相处；懂得约束自身的行为，遵守社会规范。

对于小学阶段的孩子来说，学习社会规范，了解一个人在社会中应当承担的责任、应当扮演的角色是此时期重要的任务。

有些父母出于对孩子爱护的目的，用家庭规范代替社会规范，造成家庭规范与社会规范脱节，比如在社会生活中需要克制自己的一些欲望与习惯，但有的父母却让孩子为所欲为；在社会中每个人都应当为自己享受的生活付出一定的代价，承担一定的责任，但在一些家庭中孩子却只负责享受，任何力所能及的事情都不做。这样的教育方式导致的后果，就是孩子走上社会之后容易违反社会规范，甚至因为触犯法律而受到社会的制裁。一些“星二代”“官二代”的犯罪行为其实都和这种错误的教育方式有关系。

一个人的成功只能来自社会的认可，衡量的标准是这个人为社会做了什么；一个孩子好与不好，不是父母说了算，而是社会说了算，因为孩子终将生活于社会之中。

对孩子进行社会规范教育的最好方式，就是让孩子融入社会，在社会中做事，从而了解社会生活和社会行为规范。小学阶段的孩子大多还不具备经营事业的能力，他们做事情的主要目的在于受教育而不在于做成什么事情，所以让孩子参与一些公益活动是他们接触、了解社会的最好方式。

服务社会是儿童成长的必修课

想让孩子去国外留学的父母一定要知道，想顺利申请到国外理想的大学，除准备好成绩单之外，孩子参加社会活动的经历是申请成功与否的关键因素。

1. 美国学校看重社会实践

美国大学很重视留学申请者的社会实践能力。如果申请者在个人陈述中包含有很好的社会实践经历，将会为自己加分。什么样的社会实践经历是美国学校看重的呢?

对于美国名校来说，什么样的课外活动更重要或者学生必须做些什么没有统一的标准，他们看重的是学生对此项活动“有多么投入、从中学到了什么、给予了什么”。美国大学的招生官员在评估学生的社会工作时，最看重的是三点：奉献、热情和参与度。

例如，在他们看来，花 10 天时间去灾区服务、帮助灾民的行为，价值大于为灾民捐款 1 万元，因为一个人的时间是金钱无法买到的，肯付出时间更能证明学生对该活动的诚意。活动要有社会意义，如果只是参加了某项活动或某个组织，这并不能说明什么，重要的是你为社会付出了多少。活动应当具有持久性，不要申请学校的时候才临时抱佛脚去福利院给老人洗脚。很多美国学校希望学生从高一到高三都坚持从事一项活动。

2. 贵族学校贵在“重社会服务”

戈登斯敦学校是英国“贵族学校”中的贵族，英国女王伊丽莎白二世的丈夫少年时就在这所学校就读。女王的三个儿子——查尔斯王子、安德鲁王子和爱德华王子也先后在此就读。

该校位于马里湾附近，学校有由学生组成的海岸巡逻队，在马里湾长约80公里的曲折海岸巡逻；学生消防队隶属于当地消防大队，每周应急出动两三次。此外，学校还组织学生提供近海救援服务、独木舟救生员服务和特殊船只服务。所有学生都要选择参加这些服务，并接受实地训练。学校外国学生占35%，来自40多个国家和地区。多元的文化背景使这所学校把学生参加国际服务项目作为重要教育内容，比如赴泰国参与农田灌溉，在坦桑尼亚教书，在罗马尼亚救死扶伤，等等。

美国的贵族学校同样把服务社会作为学校教育的重要内容。2010年5月14日，《世界新闻报》报道了美国华盛顿的一所精英教会高中男校以"为了别人的人"为校训，所有毕业班的学生必须从事至少40个小时的社会服务。其中，主要的一个服务项目是面对面地给那些无家可归者提供饮食服务。该校在校内设立了无家可归者救济中心。学校的学生大多出生于富裕家庭，贫困对于他们来说只是一个词语、一个概念。到无家可归者救济中心服务是他们上的第一堂贫困课程。

3. 社会实践已经纳入国内学校教育内容

我们国家也早已认识到对学生进行社会教育的重要性，多年前就提出了"实践育人"的理念，要求学校改进德育工作，广泛开展社会实践、道德实践活动。2011年，教育部专门下发通知，将开展社会实践作为推进义务教育均衡发展的重要举措，构建并完善学生参加社会实践活动的评价机制等。但是由于社会教育配套设施不完善，加上父母认识存在偏差，参加社会实践活动成了学校给父母出的一道难题，于是出现了有的孩子并没有参加社会实践活动，父母却到处找人给孩子盖社会实践章的状况。

其实，在暑假里，有的部门会专门组织一些针对中小学生的活动，如带孩子参观科技展览馆、请民警来给孩子们上法制安全知识宣传课、组织开展学雷锋活动等。父母要鼓励孩子积极参与，这对于孩子的成长会很有帮助。

他们这样服务社会

1. 美国女孩塔莉亚·勒芒的慈善事业

17 岁的塔莉亚·勒芒已经是一家慈善机构的首席执行官，从事慈善事业长达 6 年。10 岁那年，“卡特里娜”飓风袭击美国新奥尔良，塔莉亚在电视上看到了灾区的画面，她觉得自己需要为灾民做点儿事情。

但塔莉亚意识到就算自己捐出所有零用钱也做不了什么，她需要其他人的支持。她把想法告诉了母亲。幸运的是，她的母亲没有像很多父母一样对孩子的想法表示出不屑，她非常认真地问塔莉亚“有什么需要帮忙的”。于是，塔莉亚在纸上写下号召青少年为灾民捐款的行动计划。她征得一家连锁超市的同意，在它们的购物袋上登募捐广告。她还给学校和政府发电子邮件，希望它们也能加入行动。结果，塔莉亚共联系到美国 4000 个学区，募集到 1040 万美元的认捐款。

这次行动的成功给了塔莉亚信心。在母亲的帮助下，她和朋友于 2006 年创立了非营利组织 RandomKid，呼吁所有青少年参与合作。通过社交网站和 RandomKid 网站，塔莉亚聚集了来自 20 个不同国家和地区的 1200 万名青少年。他们的援助款曾经参与过四个洲的各种援助计划，例如在柬埔寨一个村庄为 300 名儿童建一所学校，为美国路易斯安那州的 200 名儿童翻修一所学校，为家乡的 500 名残障儿童建立了一个互动式游戏中心，为非洲一些缺水的地区购买水泵等设施，为海地的儿童提供拐杖和义肢，等等。

2011年，塔莉亚获得了美国公共服务领域的最高奖项——国家杰弗逊奖。

2. 英国的“一先令一服务”儿童慈善周计划

英国童军总会在2011年发布了“一先令一服务”的儿童慈善周计划，鼓励青少年积极投身社区服务活动。在5月14日至20日的慈善活动周内，社工带领孩子们走上街头做自己力所能及的事情，例如除草、洗车和清理涂鸦。每个参与的孩子脖子上都系着一条红黑领巾。在德文郡的童子军服务周活动里，童子军团员们和当地政府，交管部门一起治理超速驾驶，并清洁当地的战争纪念碑。曼彻斯特的童子军们在有轨电车途经的一个区域栽种野花。奥克尼的童子军们在一周内种下1000棵树。

父母可以这样做

1. 给孩子找一个“手拉手”小伙伴

“手拉手”互助活动开始于20世纪90年代初，是由共青团中央、全国少工委联合有关部门共同发起的。活动倡导城市和农村少年儿童手拉手、富裕地区和贫困地区少年儿童手拉手、身体健康的和有残疾的少年儿童手拉手、各民族少年儿童手拉手，使不同环境、不同状况的少年儿童间架起沟通的桥梁。

父母可以给孩子联系一个“手拉手”小伙伴。让孩子与小伙伴通信，用自己的零用钱购买一些图书或文具寄给小伙伴。假期里，如果条件允许，可以把孩子的小伙伴接到家里住几天，让孩子安排接待日程，带小伙伴游览自己居住的城市，看看自己就读的学校，一起看电影、听音乐会、去游乐场游玩；也可以带上孩子去小伙伴生活的地方，让孩子和小伙伴一起干干农活，体会一下小伙伴的生活。

给孩子参与这种活动的机会，看似给父母添麻烦，还要有一定的经济支出，但是孩子的收获会是丰厚的。通过活动可以帮助孩子学会与人交往，促使孩子更加关注身边的人和事，让城镇的孩子了解农村的现状，获得更多的人生阅历和经验。这些都是孩子成长需要的。

2. 带着孩子做公益

2012年5月的《新民晚报》介绍了几名父母带着孩子做公益的事迹。

2008年新年前夕，上海协和双语学校家委会四名父母向全校发起“为云南孩子建图书馆”的倡议。四年过去了，爱心义卖年年在继续，组织义卖、采购书籍、运送至当地……所有的环节，全由爸爸妈妈带着孩子们一起完成。

2011年暑假，大家带着2574本字典再赴云南，小泽和妈妈一起出发了。在云南，小泽和伙伴们主动揽下了给每本字典盖章、装箱、搬箱的活，并给当地的孩子上了一节电脑课。小泽妈妈说：“回上海后，感觉他受到了触动，不再总是一有时间就打游戏，开始明白什么是真正有意义的事情。”

父母带着孩子一起做公益，在言传身教中，给孩子树立榜样，将志愿奉献的种子从小植根于孩子的心田。在开始做事的时候，孩子可能会觉得累，有些抱怨，但是时间长了，孩子会从自己的付出中得到快乐，体会到帮助他人的成就感。同时也能让孩子看到，这个世界上有些人的痛苦比自己更大，自己的那些烦恼与不幸并不可怕，让孩子更快地从自我中走出来，积极乐观地对待生活。

3. 支持孩子的公益活动

孩子年龄大一些后会提出一些公益活动的设想。这个时候，父母要给予有力的支持。当孩子被人需要的时候，就是孩子的价值感建立的时候。人最大的幸福其实是自身价值得到认可。这种幸福感会是长久的。

孩子从事公益活动，可以扩展他们的眼界与思维，培养反思的习惯。他们不会再认为自己享有的一切都是理所应当的，会对父母多一些体谅。在帮助那些困难群体的时候，孩子们会思考为什么他们的生活是这个样子，自己应该为改变他们的生活做些什么。这个时候，孩子的社会责任感就建立起来了，个人的志向也会随之确立。一个有社会志向的孩子，父母还会为他在社会中找不到自己的位置发愁吗？

美国总统富兰克林·罗斯福的妻子——安娜·罗斯福是位不同寻常的人物。她做了12年的第一夫人，创了美国历史之最。在此期间，埃莉诺从本质上改变了白宫女主人的传统形象，成为各种社会活动的积极倡导者、政治活动的热情参与者、丈夫事业的有力支持者和政治合作伙伴。她的政治和社会活动、独立意识、公开讲话及作家生涯都是其他第一夫人无法相比的。她之所以有这样的能力与她小时候服务他人的经历有很大的关系。在她小的时候，她的父亲长期帮助一些贫民，给他们煮饭，服侍那些穷人。她也经常和父亲一起做事情，因此她成为总统夫人后就知道如何服务别人。

帮助他人不功利

1. 好心也可以办坏事

帮助别人是做好事，但是做好事时如果言行不当，也会把好事办成坏事。李良旭在《行善的诱惑》中曾经讲过一个这样的故事。

> 吉普森是美国一名百货公司的经理，克里是百货公司对面街头的一名流浪汉。发现克里后，善良的吉普森就想去帮助他。一天，他把克里请到五星级宾馆，安排

他吃了一顿丰盛的酒宴，并在五星级宾馆里睡了一晚。第二天，吉普森送给克里一套崭新的西服，还给了他500美元。

事情过去一段时间了，这天，吉普森突然接到警察局打来的电话，说有个叫克里的人控告了他，要他马上来接受调查。带着满腹狐疑，吉普森来到了警察局。警官严肃地对他说："是你在行善的名义下，诱惑克里走上了犯罪的道路。他在偷窃时被抓住了。"吉普森大声申辩："我好心招待他，他不感恩图报，却反咬一口！"

警官说："克里本是个流浪汉，靠社会救济和乞讨维持生活，他本没有什么怨言和想法，这也是他的一种生活方式。而你让他享受了他没有指望过的生活，然后把他推向社会，不管不问了。从此，在克里心里，就有了不切实际的想法，他想天天吃在酒店、住在酒店，穿着体面，口袋里还有大笔钱。可是，这些他无法实现，于是，他走上了偷窃的道路。这种行善，实在是一种变相的教唆和犯罪。"

吉普森好心却做了坏事，他的经历提醒我们：一个人在行善的时候，要做适当的事情。如果吉普森当时给克里提供一个就业的机会，也许结果就不会是这样的。

2. 帮助别人不是施舍

刘伊莉作为联合国红十字会的工作人员曾经运输粮食、药品等到南非去帮助那里急需援助的孩子们。援助物资到达后，刘伊莉迫不及待地搬着物品朝孩子们走去。出乎意料的是，来自英国的志愿者马丁阻止了刘伊莉。他号召孩子们上车搬物资，并告诉他们劳动之后会有酬劳。于是孩子们都来搬运，之后拿着一身棉服和一份玉米粉或是饼干高兴地走了。对那些后来的孩子，因为没有东西可搬了，马丁就让他们唱一首歌，然后孩子们也得到了自己的酬劳。之后马丁解释说：“如果我们居高临下地对他们进行施舍、捐赠，会让孩子们的自尊心受挫，长大后会留下心理疾病的隐患。”

生活中，如果我们的孩子想要帮助有困难的同学，父母可以建议孩子采取让同学给自己补课获得报酬之类的方式，而不是直接把钱物交给同学。

告诉孩子帮助别人的时候，千万不要期望别人说感谢的话，而应该意识到，是他们让我们感觉自己是有用的。

小贴士

作为孩子的父母，要意识到当我们用高尔夫球、骑马、茶道、国标舞等培养孩子时，都是在教育孩子怎样“为了自己”。但是，如果想让孩子将来很好地立足社会，甚至成为未来一代的领袖，就必须学会做一个“为了别人的人”。

24

别忘了给孩子带上一张“有教养”的名片

——让孩子成为一个有教养的人

优良的品德是内心真正的财富，而衬托这品行的是良好的教养。

——英国哲学家、思想家约翰•洛克

尊重天性并不意味着让孩子为所欲为，爱孩子并不等于放纵孩子。

教养不是天生的，也无法突击养成。

有良好的教养就是一个人在任何时候、任何地方、任何事情上都能表达对他人的尊重。无论这个人是自己的父母还是陌生人，无论他是长者还是儿童，无论他是富有还是贫穷……

提到名片，我们想到的往往是纸质的有形名片，上面写着一个人的身份和联系方式，让人们看到之后，对于这个人的工作、成就等有一个基本的了解，初步说明“我”是谁。

我们这里要说的名片，是一张无形的名片。它靠一个人的行为去表达自己是一个什么样的人。它所表达的是一个人的教养——这是一个有教养的人还是一个没教养的人。相信父母们一定都希望孩子传递的是“我是一个有教养的人”这张名片。

什么是教养呢？辞典上解释是“文化和品德的修养”。在西方文化中，这个词写作“Manner”，指的是礼貌、规矩、态度、风度、生活方式、习惯等。英国17世纪伟大的哲学家和启蒙思想家约翰·洛克在《教育漫话》中写道：“教养润饰了人的所有其他美德而使之光彩夺目，这些美德变得有用，为美德的拥有者赢得了周围人们的尊重与善意。没有教养，其余一切都会被人看成骄夸、自负、无用或愚蠢。”

更通俗一些，我们可以把“教养”理解为一个人因受教育而养成的良好品质和习惯。

生活中很多人可能说不出关于“教养”的确切定义，却知道什么样的行为叫作“没教养”。有的人会用“没家教”来批评一些让人不喜欢的人以及没教养的行为。

没有教养的人不受欢迎

如果被别人说自己的孩子“没家教”，可能很多父母都觉得那是在骂自己。但是小孩子的行为往往是父母行为的复制，所以如果一个小孩子行为表现不好，旁人冠以“没家教”的评价，不要急着喊冤。对比一下这些生活中发生的现象，看看自己的孩子是不是有做得不太好的地方，自己的教育是不是存在一些问题？

1. 不可爱的孩子

有一次坐飞机从福州回北京，换座位牌的时候特意要了靠过道的位置。上了飞机后，发现自己的座位上已经有了人。对方提出因为自己带着小孩子，希望能跟我换一下座位，换来的是前一排中间的座位。虽然心里不太情愿，但是看看旁边座位上两个四五岁的小孩子，拒绝这样的请求觉得有些说不过去。

之前的几天一直很累，下了飞机还要去赴一个约会，所以很想在飞机上补一觉。坐在后面的两个小孩子不停地吵闹着，座位被小男孩用脚一下下地踹，让我无法入睡。

我回头微笑着对小朋友说："小朋友，阿姨想睡一会儿觉，你不要踹我的椅子好吗？"

安静了一会儿，刚刚要入睡，小朋友又开始踹了。再回头，告诉小朋友他这样做让我很不舒服。

不一会儿，又开始了。

这个小朋友，我不喜欢。

凤凰卫视的主持人闾丘露薇在《不可爱的小孩》一文中也写了几个"不可爱的小孩"，其中一个是来做节目的10岁的男孩。因为节目组只为嘉宾准备了一把椅子，所以就让和妈妈一起来做节目的小男孩站着。结果站了不到一分钟，小男孩就理直气壮地要求妈妈把位子让给他坐。

没教养不仅不招人喜欢，甚至会被拒绝。著名学者陈丹青曾经写过这样的经历：

> 我到罗马旅游，找到两条专卖古董的大街，一家一家进去看。有一家进去后，我就埋头看小雕塑、小文物，然后向一位老先生问价钱。问了几件，老先生都说不卖。

我说："为什么不卖呢？"他就说实话了，他说："这是我的店，你进来了，不跟我打招呼。就在那里看，然后问我卖不卖，我不卖。"

放着送上门来的生意不做，放着挣钱的机会不要，就因为老先生觉得对方没有教养，自己没有得到尊重，他在用此种方式表达对于没教养的"不喜欢"。

2. 被人称为"熊孩子"的孩子

有一段时间，"熊孩子"成为网上一个很火的词。有网友整理出了"熊孩子"的定义：年龄在5—12岁，有着极大的好奇心、破坏力和充足的时间。他们无厘头的要求往往弄得你不耐烦乃至抓狂，但你却无可奈何。

一个网友曾经在网上发表文章，叙述亲戚家来做客的"熊孩子"的种种"劣迹"：弄丢一个AKG K3003耳机，单价一万多元；肢解了十几个珍贵手办（一种日本动漫的收藏模型），价值近两万元。

这样的事情并不少见。许多网友纷纷跟帖，以自己的亲身经历讲述"熊孩子"的可怕之处。

——亲戚家孩子来我家拜年，把我从小到大的日记本全给撕了！我的青春记忆就这么毁了，我当时差点儿没一巴掌扇过去了。但我不敢对小孩子动手，最后自己哭着去粘日记本。

——我爸单位的人带儿子来我家做客，那孩子穿着鞋就直接上了我家的白沙发。

——亲戚带着小孩来拜年，堂哥家六岁的女儿一进我家门就喊着要玩玩具，堂嫂说我家没有，她马上就大闹。哄好了没一会儿就到处乱翻，在我家三个房间到处跑到处看，连藏在沙发靠背后面的鸡毛掸子都被她抽出来了，发现塞在椅子后面的电磁炉盒子都硬要拉出来打开。她自己在果盘里拿了糖果，含了一下不喜欢，就直接吐在我家地板上了。

——去餐厅吃饭，旁边坐了一桌，三个大人（两个老人，一个年轻人）带一个四五岁的小男孩。那小孩时不时尖叫一声，那分贝高得像汽笛一样，还时常跳下椅子到处跑，引来整个餐厅人的侧目，他家大人却熟视无睹，继续淡定地吃自己的。

走出“教养”的认识误区

如上所述，“熊孩子”的确是一个令人头疼的群体。然而父母的态度有时也让“被害人”感到无奈：他们对孩子的行为视而不见，觉得这根本不是什么问题；当“被害人”忍无可忍、小心翼翼地想说一下孩子的时候，父母还会觉得成年人怎么跟小孩子较劲，等等。

在网上，面对网友对于孩子不当行为的评说，一些父母给出了各种各样的理由：

——孩子弄坏了你的东西你自己也有责任，自己的东西为什么不放好。

——孩子乱跑其实父母也没办法……打也打不住。好不容易出来放松吃个饭，总不能再和孩子较劲。

——等你有孩子就知道了，让孩子老老实实坐着是不可能的，除非是孩子病了。

——让一个活泼的孩子换一个场合就突然文文静静的可能吗？这得多大难度啊？

——小孩子个性各异，都用乖乖仔的标准去评判是不现实的。

——如果孩子能被控制住，那就不是孩子了。

“小孩子不懂事”是许多父母最常使用的“挡箭牌”。殊不知，有的“熊孩子”之所以“熊”，是因为他们背后有“熊父母”。要想让自己的孩子成为人们眼中的天使而不是“熊孩子”，父母应当提高对于教养重要性的认识，走出“教养”认识的误区。

误区一：孩子应当自由生长，不应当给孩子太多约束，要给孩子自由，要尊重孩子的天性。

事实是：尊重天性并不意味着让孩子为所欲为。爱孩子并不等于放纵孩子。

误区二：小孩子天生就是好动的，父母根本就不能让孩子不动。

事实是：没有带不好的孩子，只有不会带孩子的父母。如果父母都不觉得孩子的问题是问题，或是觉得为什么我的孩子为了别人舒服要受到限制，带着这样的想法，当然是管不了孩子。

误区三：孩子是天使，所有行为都是合理的，在任何场合孩子都可以特殊。如果旁人对孩子的行为不满意，那是成年人不宽容、刻薄、没有爱心。

事实是：生活于社会之中，就要遵守社会的规则。父母要意识到给公共场合中的他人造成困扰是羞耻的行为。如果带孩子进入公共场合，就要和孩子一起努力做到遵守规则。父母应当帮助孩子适应这个环境，比如给孩子带喜欢玩的玩具，和孩子一起阅读有意思的图书等。不遵守规则也会伤害到自己，比如在吃饭的地方，小孩子跑来跑去而父母不去制止，如果一头撞到服务员身上，很可能是一堆碗盘砸下来，或者是一盆热汤泼下来，孩子就有可能受到伤害。

误区四：孩子长大了自然就懂事了。

事实是：教养不是天生的，也无法突击养成。一个人如果从小到大从来没有人教给他良好的习惯和有关的知识，他必定是愚昧和浅薄的。但是受教育与有教养并不是一个必然的关系，不是受过教育的人就一定有教养，也不是学历越高的人教养就越好。这其中的教育是广泛的，并不只是指学校教育，家庭教育、父母行为等都会对孩子产生影响。教养是一种美好的内在，它需要涵养才能成长，而成长是需要时间的。

有教养的根本是心中有他人

有良好教养的人能得到他人的喜爱、尊重和欢迎。良好的教养体现在方方面面，比如以下行为表现。

吃饭时，没有特殊的情况，要等人都到齐了再吃。

吃饭时不要在盛菜的盘子里挑挑拣拣，不要自己喜欢吃的就可劲地吃。

吃饭的时候尽量不要发出声音。

一桌子人一起吃饭，不要自顾自地玩手机。

吃完饭离席时要对同桌的人说：“我吃完了，你们慢用。”

给人递水、递饭要用双手端碗。

捡东西或者穿鞋的时候要蹲下去，不要弯腰撅屁股。

打电话、接电话第一句话要说：“喂，您好。”挂电话的时候，对方如果是长辈，要等对方先挂了自己再挂。

经过门的时候，如果是弹簧门，不管是拉还是推，要遵守先出后进的原则。如果身后有人要主动把门扶好，防止门弹回去拍到他人。别人为自己开门一定要向对方说“谢谢”。

去别人家里，不要随便翻东西，也不要自己去开别人家的冰箱。

递剪刀给他人时要用手握住剪刀尖的一面，把柄的一边递给别人。

听别人说话的时候，眼睛要看着对方。

不随地吐痰、乱扔垃圾。

不在公众场合喧哗、打闹。

不揭别人的短处。

国旗升起的时候要行注目礼。

……

即使我们列得再多，都难以穷尽其内容，难以关照到方方面面，但是有几点原则如果父母让孩子记住了，他就会把有教养的行为扩展到生活中的每一个瞬间。

1. 教养是每个人都可以拥有的

做一个有教养的人，不需要有多高的智商，也不需要家里有多好的经济条件，但是他一定要认同教养的重要性，肯学习才行，如蔡澜在《教养》一文中说：

> 教养这东西，人家都以为要出自名门才能拥有，其实这是一种常识，只要稍微注意，谁都可学到，和你的出身没有关系。
>
> 不一定要长得闭月羞花、沉鱼落雁，在与人相处时能自然亲切地微笑，教养就有了。
>
> 不一定要口若悬河，但在与人相处时能够适宜地问候、道谢、致歉，会适宜地加以援手，教养就有了。
>
> 不一定要成为圣人、劳模，只要能自然亲切真诚地待人接物处事，教养就有了。
>
> 如果一个人没有教养，他一定是认为教养不重要，一定是个不求上进的人。

2. 心中有他人，教养自然就有了

要想让孩子成为一个有教养的孩子，关键是父母要教育孩子凡事不要只想着自己，应该站在别人的角度来思考问题。想一想自己的行为会不会影响到他人，自己舒服了别人是不是也一样舒服。

有良好的教养就是一个人在任何时候、任何地方、任何事情上都能表达对他人的尊重。无论这个人是自己的父母还是陌生人，无论他是长者还是儿童，无论他是富有还是贫穷……

良好的教养是一种与人为善、善解人意、善与人处的生活态度和能力。

良好的教养往往成为一个人给他人的第一印象。在这个意义上可以说，一个人的良好教养就是我们与他人见面时递上的第一张名片。

延展阅读

《教养的味道》

贾甲儿

那个人把拖鞋整齐地摆在鞋架最底层，然后用钥匙悄悄把门锁上。邻居曾以为他一直待在家里。

那个人站在黄色安全线外，静静排队候车，虽然车站只有他一个人。

那个人在车上站了足足一小时，尽管“老弱病残孕专座”就在他旁边空着。

那个人下车后轻咳了几声，走了两分钟，终于找到了垃圾箱。他把咳出来的东西吐到手帕纸上，严严实实包好，稳稳当当放进“不可回收类”垃圾箱内。

那个人出了阅览室。他把报纸按页码排好，踮起脚尖走到门口，将报纸端端正正放到了3号报格上。

那个人去了书店，把一本厚厚的小说从书架上拿下来，躲到一个很少有人抵达的角落，默读着。

最后，那个人笑了。

那个人无论走到哪里，都宛如一阵轻柔的风。风过后，他什么也没有留下，只留下一串气味，香香的气味。你可知道，这气味是他们身上特有的味道。这种味道的名字叫作教养。

25

让孩子拥有一个爱好

——爱好是人生最好的精神伴侣

没有任何一种业余爱好的人，他的生活是不会真正幸福宁静的。

——加拿大教育家
威廉·奥斯勒

最奢侈的教育是给孩子多提供各种接触社会、参与活动的机会，从中发现自己的爱好，找到自己与世界对话的方式。

爱好是发现的，不是培养的。父母带着功利的目的去培养的爱好往往不是孩子的真正爱好，却可能将孩子的爱好扼杀了。

孩子的爱好只要不伤害身体，于他人无害，父母就不要干涉。

对孩子来说，“虚度光阴”也是一种休息和能量储备。

人生活于社会之中，必须有理智。理智让我们知道自己不能随心所欲，不能太自我。出于对家庭、对社会的责任感，一些不喜欢的事情也要做。美国著名心理学博士艾尔森对世界100名各领域中的杰出人士做的一项问卷调查发现，有61%的成功人士承认，他们所从事的职业并非是内心最喜欢做的，至少不是心目中最理想的。

但是如果人仅为理性而活，那又确实太苦。人生也可以“及时行乐”，拥有自己的爱好，做自己喜欢的事情。理性的生活与感性的生活其实是互相促进的关系。做自己喜欢做的事情，身心愉悦，才会有良好的情绪状态，才能尽责、高效地做应当做的事情。做自己喜欢做的事情，是给劳累的心放个假，让我们体会到“爱”与“投入”，体会到“忘我”，这些都是人生必需的。

对于孩子来说，做自己喜欢的事情也是一种学习。有些父母担心孩子会玩物丧志。其实，一个健康的爱好不仅不会影响孩子的学习，有时反而会独辟蹊径、柳暗花明，让孩子的人生出现另一道风景。

苏霍姆林斯基对于学校教育曾经提出过三项具体要求：一是让每个学生都有一门特别喜爱的学科，鼓励他“超纲”；二是让每个学生都有一项入迷的课外制作活动；三是让每个学生都有他自己最爱读的书。他提醒教师，如果一个学生到十二三岁在这三方面还没有明显的倾向，教师就应当为他感到焦虑，必须设法在精神上对他施以强有力的影响，以防止他在集体中变成一个默默无闻、毫无长处的灰溜溜的人。这一目标也是父母应当完成的。如果学校因为过度关注学生的学习成绩忽视了其他方面的培养，父母应当做的就是给孩子补上这一课。

爱好成就了他们

1. 小时候的昆虫迷，现在的博物馆馆长

四川省都江堰有一家成都华希昆虫博物馆，它是拥有全亚洲最多展出标本的昆虫博物馆。博物馆收藏有四川省已发现的全部蝴蝶种类和珍稀、观赏昆虫标本，以及大量我国各地蝴蝶、昆虫标本。其中，仅我国蝴蝶种类就达1700多种，是国际学术界公认的全球收藏中国蝴蝶种类最齐全的博物馆。

馆长赵力，年仅30岁就写出了中国首部昆虫文化科普图书——《图文中国昆虫记》，后又出版了世界上收录中国蝴蝶种类最齐全的专著——《中国鳞翅目——蝴蝶》。这一切，都源于他小时候对昆虫的热爱。很小的时候，他就喜欢捕捉金龟子、蝉、蜻蜓等昆虫，而五彩斑斓、形态各异的美丽蝴蝶，更引起了他无限的迷恋。据说他的第一只蝴蝶标本就是在6岁时做成的。当时，赵力的父亲发现了儿子对昆虫的痴爱，他没有像一般的父母那样为耽误学业而阻止孩子的爱好，他跟家人说："他喜欢昆虫，就让他玩吧。"他们不但从微薄的工资里挤出钱来为孩子购买科普读物，每到假期还特地安排孩子到雅安市山区的一位远房亲戚家去采集标本。他们的家中，时常会有孩子带回来的各种昆虫在地上爬、在空中飞。

2. 小时钟情于股票和数字，今天的全球著名投资商

沃伦·巴菲特生于美国内布拉斯加州的奥马哈市。在2008年的《福布斯》排行榜上财富超过比尔·盖茨，成为世界首富。他从小就非常有投资意识，钟情于股票和数字，满脑子都是挣钱的想法。

5 岁时，他在家外面的过道上摆了一个小摊，向过往的人兜售口香糖。稍大后，他带领小伙伴到球场捡人们用过的高尔夫球，然后转手倒卖。9 岁时，他和拉塞尔在加油站的门口数着苏打水机器里出来的瓶盖数，并把它们运走，储存在家里的地下室。他们是在做市场调查，想通过计算瓶盖数知道哪一种饮料的销售量最大。10 岁时，他对炒股入了迷。他努力学习掌握股票跌涨规律。11 岁时，他购买了 3 股城建公共设施证券，每股 38 美元，当升值到 40 美元时，他就抛了出去，赚了 5 美元。14 岁时，他用自己攒下的 1200 美元在内布拉斯加买了 40 英亩农田，然后转手租给一个农田承包人。

3. 通过钻研自己的爱好，养成专心致志的习惯

贾湛湛在高三毕业时取得了清华大学与复旦大学自主招生考试录取资格，2007 年毕业于清华大学机械工程与自动化专业，后在美国攻读材料力学博士。

人们肯定会想有如此好的成绩，这个孩子的大部分时间肯定是投身“题海”。可现实是贾湛湛小学到高中绝大多数课余时间是在“把玩”各类昆虫与小动物中度过的。

贾湛湛小时候，父亲贾少华发现她对各类动植物感兴趣。他决定保护与支持女儿的兴趣爱好。家附近的建筑工地挖出一窝肉嘟嘟的小老鼠，大人看着有些汗毛倒竖，但是却允许贾湛湛把它们带回家饲养；她采摘各种植物嫩叶喂昆虫，掌握各类昆虫对植物的危害；上中学后尽管学习非常紧张，她每天放学后第一件事情仍是去挖蚯蚓喂蝾螈，或者采集小兔子爱吃的青菜叶子。

这些爱好并没有影响她的学习，反而因为琢磨各类动植物变得更有志向、主见，自律意识与自我学习能力也得到了提高。由于对生物的热爱，她获得过全国生物奥林匹克竞赛一等奖。

爱好，是人一生最好的精神伴侣

1. 有爱好的孩子不容易学坏

美国儿童教育专家与全美垂钓协会，对全美各地 1.8 万余名 15 岁以下的儿童所作的专题调查证实，与不爱垂钓的孩子相比，吸烟、酗酒、吸毒、旷课和参与暴力在爱垂钓的孩子中所占的比例要高得多。

2. 有爱好可以让孩子交到志同道合的朋友

爱好可以给孩子提供与朋友交流的话题，让孩子有一帮有共同爱好、共同语言的朋友。有了兴趣爱好，就等于有了与人交往的“触点”，由此结识与自己有同样爱好的人，彼此就多了一个朋友。在与朋友的交往中，会更加开阔视野，扩大知识面，使情感有所寄托。

3. 有爱好可以增加生活的幸福感，促进健康

爱好能让人们更加热爱生活，热爱生命。乔纳森·弗兰岑是美国著名小说家、随笔作家。他的好友华莱士的自杀给他带来沉重的打击。他在随笔中有一段谈及和好友观鸟的事情：“有一次，我们驾车快到加州斯汀森海滩附近，我停下车来，让他拿望远镜看一种长嘴鹬。这个品种之高贵，在我看来毋庸置疑，一目了然。他用望远镜看了两秒钟，便颇为厌倦地转过头去。‘嗯，’他带着特有的那种空泛的礼貌腔调说，‘挺漂亮。’在他去世前的那个夏天，我们一起坐在他家的露台上，他抽着烟，我眼睛一刻不离房子周围的蜂鸟，而他却可以不看一眼。我不禁为之悲伤。在他下午服药后小睡时，我则在为下一次出行研究厄瓜多尔的鸟类。我明白了，他的难以排解的苦恼与我的尚可排解的不满二者之间的差别在于，我可以在观鸟之乐中逃避自己，而他不行。”

专家研究表明，兴趣爱好还能促进一个人的健康。因为兴趣能够萌发积极的情绪，爱好能使心理平衡。不论哪一种爱好，它总能对身体的某一部分机能产生积极的影响。加拿大医学家、教育家威廉·奥斯勒曾说："没有任何一种业余爱好的人，他的生活是不会真正幸福宁静的。"

4. 有爱好可以让孩子更自信

相对于成年人，孩子更看重他人对自己的评价，他人的肯定更能增加孩子的自信心。孩子有了一种爱好，也就有了一项特长。由于有兴趣，投入的时间多，在此方面肯定比一般人了解得更多、做得更好。当聊天的时候，孩子成了话题的中心；当活动的时候，孩子成了人们关注的主角。这一定会增加孩子的自信。

如何发现孩子的爱好

1. 给孩子提供各种机会

2012 年作为创刊 100 周年纪念活动的一部分，《美国科学家》杂志曾经邀请 25 位科学家和工程师畅谈他们对科学的激情，以及如何走上科学之路，成为科学家的理由。加州大学伯克利分校天文学教授杰夫·马西谈了一架二手望远镜对自己走上科学之路的影响："14 岁那年，父母给我买了一个二手望远镜，摇摇晃晃的三脚架，只有 10 厘米直径的镜面。我用它瞄向土星。令我惊讶的是，我清楚地看到了土星的光环。第二天晚上，我发现土星与其他背景恒星的位置发生了变动，只有一颗相当明亮的星星却一直围绕着土星旋转，直到 16 个夜晚后，它又回到原来的起始点。我用自己的眼睛观察到了土星的卫星——土卫六。从此我对太空天体产生了强烈的兴趣，我想知道地球上的一些自然规律是否也适合于这些天体。当我意识到太阳系在庞大的银河系中只是一粒尘埃斑点，而银河系也只是宇宙中的一粒尘埃斑点时，我完全被吸引住了。当我用望远镜肉眼观察到100万光年之外拥有2千亿颗星星的仙女座星系时，宇宙的美丽和庞大深深地迷住了我，我决心要尽我一生所能去了解宇宙。”

爱好是发现的而不是培养的。

有些父母经常想要培养孩子的兴趣爱好，然而父母带着目的去培养的爱好往往不是孩子的真正爱好，也有可能将孩子的爱好扼杀了，比如孩子喜欢写写画画，但如果父母规定孩子画画的主题，规定每天要画多长时间，可能很快孩子就会封笔了。其实，父母应当做的是多给孩子提供各种接触社会、参与活动的机会，多给孩子一些自由思考的时间，让孩子“碰到”自己的爱好，找到自己与这个世界对话的方式。

如果可以，父母要多带孩子去公园，特别是乡村公园，让孩子接触树木、溪流和大自然；在郊外进行烧烤活动，不限制孩子的行为，允许他们爱做什么就做什么；带孩子去一些“冒险乐园”，选择适合他们年龄的活动；让孩子尽可能生活自理，并且帮助父母做一些家务活；至少在假期的一半时间里可以让他们悠闲地生活；允许孩子下雨的时候在雨中奔跑，放学的路上仰望夕阳，晚上到屋外看星星……

2. 正确引导孩子的爱好

爱好是一件个人的事情。玩蛐蛐也是一种爱好，养蚂蚁也是一种爱好，孩子的爱好也许不是父母喜欢的，但是只要不伤害身体，不是对他人有害的，父母不应当干涉。如果孩子有了一些不健康的爱好，父母应当对孩子进行正确的引导。引导得当，让父母发愁的行为可能会转化为给父母的惊喜。

武汉市新洲高级职业中学应届毕业生陈星，在2011年信息化核心技能世界大赛上一举夺得Excel 2010项目组世界冠军。谁会想到，这是一个曾经因网瘾退学的少年！陈星上小学时就迷恋上了街头游戏机，并且技术很好。他经常一个游戏币就能把游戏打通关。陈星上初中后，家里将他转学到一所全封闭学校。可陈星还是不好好学习，没有游戏机，他就每天琢磨修理电子表、收音机。终于，贪玩的陈星在上高中后因沉迷网游遭到退学。在亲戚建议下，他进入新洲职高，因为平时特别喜欢玩网络游戏就报了计算机专业。新洲职高是一所寄宿学校，上高一时陈星仍然沉溺网络，经常想办法夜不归宿。上高二时，情况慢慢发生了改变。由于陈星多次在学校举行的计算机技术竞赛中获奖，他被学校计算机竞赛小组“收编”，从此他的爱好有了正确的用武之地。在获得参加这次大赛机会的同时，陈星被武汉职业技术学院提前录取。

说起陈星曲折的人生路，母亲杜桂生有点内疚：“当时只想让孩子走一条‘正常’路，学点儿正经东西，没想好好发挥他的长处。”

3. 给孩子时间去发现爱好

2011 年 1 月 28 日，《扬子晚报》发表了一首名为《妈妈，我的压力好大》的诗。这首诗最开始发表在网上，它一出现就引起了网友的共鸣。诗中写道：

一分一秒一嘀嗒
外面的鸟儿早已飞回家
无论是寒冬还是酷暑
我都在家
我在家
不是摆弄芭比娃娃
也不是上游戏网站 4388
而是拿起笔在奥数题上比比画画
啊

压力好大
我真讨厌黑板上5678
什么时候我能给自己放一个假
一株草和一朵花
我都希望去探索它
啊
压力好大

诗的作者是南京鼓楼区某小学五年级的月月（化名），这是月月期末考试前跟妈妈为奥数发生争执后写下的。妈妈看到孩子的诗也很有感触，于是就把诗放到了网上。

孩子的日常生活往往被大人安排得满满当当，被安排的生活往往让孩子失去了对生活的热情，也没有了发现自己真正爱好的机会。英国心理学家指出：对孩子们来说，“虚度光阴”也是一种休息和能量储备，反而是大人对孩子的过多安排会扼杀孩子的独立性和创造力。

科学家做了大量的研究证明：贪玩的幼儿智商高。生物心理学家马克·罗森茨威格在他的实验室里选择了一批遗传素质一致的老鼠，把它们任意分成三组。第一组三只老鼠被关在铁笼子里一起喂养，此为“标准环境”；第二组老鼠被单个隔离起来，只身处在三面不透明的笼子里，光线昏暗，几乎没有刺激，叫作“贫乏环境”；第三组十几只老鼠一起被关在一只大而宽敞、光线充足、设备齐全的笼子里，内有秋千、滑梯、木梯、小桥及各种“玩具”，此所谓“丰富环境”。几个月后，他将老鼠的大脑摘出解剖分析，发现三组老鼠在大脑发育方面存在着明显的差异，“丰富环境”组的老鼠优势最为显著。实验揭示：环境越丰富，玩耍得越充分，大脑的发育就越好。

在玩的过程中，孩子会慢慢沉淀自己的爱好。父母要顺其自然，给孩子尝试选择的机会。

为设计迪斯尼乐园的路径，世界建筑大师格罗培斯曾经大伤脑筋。后来，他突发奇想，决定“撒上草种，提前开放”。在迪斯尼乐园提前开放的半年里，草地被踩出了许多小路，有窄有宽，优雅自然，然后，他就按人们踩出的小路铺设了人行道。1971 年，在伦敦国际园林建筑艺术研讨会上，迪斯尼乐园的路径设计被评为世界最佳设计。

至于孩子的爱好，只要不伤害身体，不危害社会，不对其他人构成伤害，花费不对家庭构成太大的压力，欣赏音乐、制作昆虫或蝴蝶标本、种花种菜、钓鱼、登山、收集邮票……只要孩子喜欢，都是可以的。作家张洁说：“任何一种兴趣都包含着天性中有倾向性的呼声，也许还包含着一种处在原始状态中的天才的闪光。”所以，尊重孩子的爱好是父母最正确的选择。

阅读资料

英国有一首名为《只是玩玩》的诗，其中这样写道：

当你看到我爬进树丛捉虫子或把偶然发现的东西装进口袋，

不要用“只是玩玩”一句带过。

因为，你看，我在玩中学习，

有一天我会成为科学家。

当你看到我在学校热衷于谜题或玩具，

请不要感到时间在“玩玩”中浪费了。

因为，你看，我在玩中学习，我在学习解决问题和集中精力，有一天我会经商。

26

给孩子一次旅行，让孩子学会独立

——旅行是孩子独立生活的演习

旅行在我看来还是一种颇为有益的锻炼，心灵在旅行中不断地进行新的未知事物的活动。

——法国思想家　蒙田

父母保护孩子的目的应当是让孩子学会自我保护。

一个人只有与社会建立了联系，与自然建立了联系，才能扎根于社会，才能脱离对父母的依赖，立直倚在父母身上的身体，独自站立。

上一百堂美术课，不如让学生在大自然里行走一天；教一百个小时的建筑设计，不如让学生触摸几个古老的城市。

——龙应台

从高中到大学，出国留学一直都是夏宇的梦想，这个梦她整整做了七年。大学毕业后这个梦想终于变成了现实——她考入了英国某大学。可是，很快她就发现这个梦并不是美梦。

在去英国的飞机上她就开始发烧、胃疼，产生了想回家的念头；到了学校，吃不惯学校的饭菜、高烧不退、身边没有一个能说话的人，这让夏宇觉得度日如年；第五天，她吃光了从家里带去的泡面，饿了一天后，她哭着给妈妈打电话，说自己实在待不下去了；第七天，她结束留学生活，回到国内。

像夏宇的表现也许有些极端，但是读大学的孩子把脏衣服寄回家的事情已经不是什么新闻了。这些情况与父母没有培养孩子的独立能力是互为因果的。

与孩子缺乏独立能力一脉相承的是现在的一些青少年越来越不喜欢接触社会。他们足不出户，在家里上网、玩游戏，不与父母沟通。他们被形象地称为“家里蹲”。青少年本应对社会充满好奇、喜欢挑战、充满激情，为什么会选择整日窝在家里呢？一方面，父母对孩子过度保护，使他们失去了接触社会的机会；另一方面，父母从小便教育他们“不要和陌生人说话”“不能自己出门”等，使他们对社会产生了非常强的防御心理。因此，当他们独自面对社会时会发现一切都不是自己想象中的那样，他们不习惯、不适应，于是只好退回家中，活在自己的世界里。

父母爱孩子、想保护孩子是一种本能，但保护的目的应当是让孩子学会自我保护。古语云：父母之爱子，则为之计长远。所谓计长远，就是要看到孩子的未来，明白父母的保护不可能陪伴孩子一生一世。

现在的孩子很多是独生子女，社会上安全事故又频频出现，很多父母对于孩子的安全问题存在焦虑情绪，让父母放开手放孩子单飞真是一件难事。但是如果父母不给孩子单飞的机会，他又如何练就一副独自飞行的翅膀?

如果您也正因为这样的问题而纠结，那么就让孩子去旅行吧。

旅行让孩子与自然、社会建立联系

1. 旅行中学会与他人交往

孩子的日常生活多与父母在一起，父母的眼睛像安在孩子头上的摄像头一样每日监视着孩子的一举一动。这样的生活模式给孩子带来了暂时的安全，但这是以父母过多地挤占孩子的社会关系为代价的。在一个人的一生中，与家人之间的关系是他建立的第一个社会关系。此后，他的交际圈子应当随着年龄的增长逐渐扩大，其他的社会关系应当越来越多。如果父母不给孩子与外界接触的时间与机会，他就失去了建立其他社会关系的机会。而一个人的社会性发展得如何将直接影响他未来的社会生活。

外出旅行给孩子提供了与他人建立社会关系的机会。旅行让孩子离开日常生活的小圈子，离开父母创造的微观世界，接触不同的人。孩子必须与他人一起相处，与他人甚至陌生人建立关系。由此他们才能学会合作，学会与人共处。

2. 旅行丰富孩子的学识

龙应台说过:“上一百堂美学课，不如让孩子在大自然里行走一天；教一百个小时的建筑设计，不如让学生触摸几个古老的城市。”学习有两种形式，一种是间接学习，主要的形式是通过老师、书本学习;另一种是通过自己亲身的实践去学习。与间接知识的获得相比，那种直接知识的获得往往因为是孩子亲身经历，所以给孩子留下的印象更深刻。因为是孩子亲自参与，所以孩子会更有兴趣。

读万卷书不如行万里路，大自然可以教给孩子许多知识。这些鲜活的知识是学校教育无法给予的。《大自然的语言》的作者戴巴棣用诗的语言讲述了这一点：

别以为人才说话，
大自然也有语言。
这语言到处都有，
睁开眼就能发现。
……
大雁集队南飞，
不就像“省略号”一串？
大自然在蓝天写着：
秋天已在眼前。
……
大自然把三叶虫化石，
嵌在喜马拉雅山巅，
这是在告诉人们，
那儿曾是汪洋一片。

今天的孩子往往更多的是在课堂上学习。很多父母抱怨孩子不爱学习。如果我们给孩子提供更多样的学习方式，也许会有更多的孩子热爱学习、主动学习。

3. 旅行让孩子接触大自然

随着城市化进程的推进，儿童离自然越来越远。他们在网上种菜，却不知道自己吃的西红柿是长在哪里的；他们在网上建农场，却在现实生活中与猪相遇时被吓得“哇哇”大叫。当年，三毛把这些孩子称为“塑料儿童”；如今，他们被叫作“自然环境缺失症”儿童。这些孩子情感上容易愤怒或激动，要么狂笑，要么狂怒，没有缓冲情感，情感比较单一。

“自然环境缺失症”是由于儿童与自然的关系断裂造成的。要根治这一病症，方法也简单——让孩子接触自然。《美国公共卫生杂志》刊登的一项调查称，“自然环境缺乏症”患者如果经常到公园等户外场所活动，身心紊乱的症状就会明显减少。不带特殊目的，也没有时间限制地挖洞、爬树、过河、洞穴探险、爬山和抓小动物等，还能充分调动五官，让孩子在与自然的接触过程中集中注意力、锻炼创造力。

拉近生活与自然的距离，重新建立孩子们与自然的联系，让孩子们在真实的世界里学习，成为现在教育面临的重大挑战。而旅行可以让孩子们近距离地接触真实的世界，感受大自然的博大，寻找和丰富生命的体验。

孩子旅行三步走

1. 迈出离家一小步——从家周边的旅行开始

旅行可以先从家周边的小旅行开始。父母可以带着孩子在小区里玩半天。这半天的时间里，孩子可能会渴、会饿、会冷、会热，这些情况的应对都让孩子自己准备。规定几点钟出发，几点钟回家，然后带孩子到城郊走一走，区域逐渐扩大。

在交通工具的使用上，可以从背包行走开始，到骑自行车绕城市的某个环线骑行一圈，再到坐公交车、地铁、出租车、长途汽车、火车等。

英国公益组织推行“步行巴士”的做法很值得父母们借鉴。所谓步行巴士，就是上学、放学时一队人一起走路放学上学。这段路程将近 20 分钟。孩子们排着队，打着信号旗。队伍的前面与最后各有一名成年人。在行走的过程中，陪同的成年人可以给孩子讲解沿路所见到的一切，孩子们之间也可以交流、讨论问题。

如果父母有心，做这样的事情也并不难。如果您是骑车接送孩子，不妨每周有两天的时间留下一段距离与孩子一起步行，一边走一边与孩子聊天，让孩子观察周围的事物，探讨如何处理一些突发事件，比如路上遇到了小偷该怎么办等。如果父母是每天开车接送孩子上学放学，不如在某一天时间不太紧张的时候，与孩子一起乘坐一次公共交通，让孩子学习公共交通的使用方法，学会查找站名，知道如何到达自己的家以及如何换乘最快、最经济、最安全等。乘车的时候，也可以提前一站下车，让孩子与父母步行一段路程。这样做既可以锻炼孩子的体力，也可以让孩子体会行走的感觉。如果父母每天都是开车带孩子从家到学校、从学校到家，孩子就像从一个笼子到另一个笼子，一直没有机会与真实的社会产生交集。

2. 与父母一起去旅行

旅行也需要学习，所以孩子的旅行可以从与父母一起去旅行开始。带孩子旅行的意义不应当止于让孩子见世面，还应当培养孩子的自我管理和应变能力，让孩子积累旅行的经验。出去旅行的时候，父母可以根据孩子的年龄特点、能力，放手让孩子去承担一些工作。

如果是参团旅行，在出发之前，父母可以让孩子搜集资料，比如地理位置、地方特产等。让孩子准备行李，了解出行需要考虑什么：是去爬山还是玩水，爬山要带登山鞋，玩水要带凉鞋，穿便于挽起的裤子，是否早晚温差变化很大，带几件衣服，穿什么质地的衣服，要不要戴帽子等。在办理登机、出境入境时，父母要有意识地让孩子去做、去感受，以便让孩子掌握有用的技能和知识。入住酒店后，提醒孩子拿一张酒店的名片，以备外出与大家走散时可以找到酒店。

如果是一家人或是几家人在城市周边的一两日游，可以让孩子给一家人准备出去要带的水、野餐用的东西、帐篷等。

如果是自由行，可以与孩子一起设计出行的路线。比如国庆节有几天假，打算花多少钱，一家几口人一起去，给出一些必要的条件，让孩子设计出行的路线并向父母提交一份计划书。计划书得到认可后，可以让孩子联系酒店的住宿、购买车（机）票。旅游的过程中，可以向孩子提一些问题，让孩子当导游，比如“这个地方有哪些名人？”“地名的由来是什么？”“有什么土特产可以带给爷爷奶奶。”

3. 独自参加夏令营

夏令营活动是学校教育和家庭教育的有益补充，丰富多彩的活动给孩子们带来快乐，对培养孩子的独立能力、交际能力和适应能力也很有帮助。参加夏令营活动的过程中，孩子需要独自面对一切事情：日常生活和突发小事件的处理、旅伴之间的关系，等等。

孩子参加夏令营，父母一定要放手。对于夏令营的一些规定，比如不能带零食、不给小孩带贵重物品、不能随行陪同等，父母也要遵守。孩子是去锻炼，而不是去享福的。如果孩子走到哪里，父母就跟到哪里，便达不到锻炼的目的。

需要注意的是，在当前夏令营市场尚需规范的情况下，父母为孩子选择夏令营时需慎重，要考虑孩子的性别、年龄、个性、自控能力等具体情况，不要盲目跟风或随意选择。要详细了解举办机构和组织人员的资质、活动形式和内容、安全机制等，以确保能让孩子度过一段安全、有益的时光。

这样的旅行不要有

1. 什么都是父母做的旅行

旅行是培养孩子独立性的途径，但并不是走出家门就能培养孩子的独立性。如果去哪儿都是父母说了算，行李是父母准备，孩子吃不惯团餐就给孩子开小灶，孩子脱下的衣服父母洗，孩子总是与父母在一起，这样的旅行对于孩子独立性的培养没有意义。

2. 带着电子产品的旅行

出去旅行最好不要让孩子带电玩产品。曾经在旅行中看到有孩子一直在用ipad玩游戏，候机的时候玩、坐车的时候玩，想必住下来之后仍是玩游戏。这样给孩子留下的印象是——旅行没意思。

3. 奢侈的旅行

近年来，海外游学盛行。有些父母花了很多的钱让孩子出国游学，但事实上孩子只是跟着类似于旅游团的机构看风景、拍照、购物。有些父母甚至给孩子开出长长的购物清单。这样的旅行不提倡。

4. 用作文换来的旅行

孩子走出去就会有收获。眼睛看到的、耳朵听到的都会有潜移默化的影响。父母不要生硬地给孩子布置任务——回来写五篇作文、每天写一篇日记，这样会让孩子反感。鲁迅在《五猖会》一文中就写过这方面的感受。

看五猖会是鲁迅儿时难得遇到的盛事，鲁迅雀跃着准备出发了。这时，父亲站到了他的背后，让他去拿书，并说："给我读熟。背不出，就不准去看会。"

他说完，便站起来，走进房里去了。

> 我似乎从头上浇了一盆冷水。但是，有什么法子呢？
>
> ……
>
> 应用的物件已经搬完，家中由忙乱转成静肃了。朝阳照着西墙，天气很清朗。母亲、工人、长妈妈即阿长，都无法营救，只默默地静候着我读熟，而且背出来……

我忽然似乎已经很有把握，便即站了起来，拿书走进父亲的书房，一气背将下去，梦似的就背完了。

大家同时活动起来，脸上都露出笑容，向河埠走去。工人将我高高地抱起，仿佛在祝贺我的成功一般，快步走在最前头。

我却并没有他们那么高兴。开船以后，水路中的风景，盒子里的点心，以及到了东关的五猖会的热闹，对于我似乎都没有什么大意思。

在孩子去旅行前，父母可以找一些描写当地风景或风俗的文章，和孩子一起朗读。如果可能，家庭可以开一个美文朗读会，配上有当地风格的音乐。这样，孩子在旅行中对当地的景物也会更有兴趣。

孩子的成长一定是一种独自的经历和体验，是再有爱心的父母都无法替代的过程。

一个人只有与社会建立了联系，与自然建立了联系，才能扎根于社会，才能脱离对父母的依赖，立直倚在父母身上的身体，独自站立。

这两个方面旅行都具备。因此，如果您爱孩子，就让孩子去旅行吧。

小链接

放飞的爱

世上有一种爱，叫“放飞”。母亲对我的爱就属于这种。她不会把我捧在手心，许多事情总让我亲自去做，还说：“学会独立，才能放飞。”从小我就受到这方面的锻炼。上小学和中学阶段，我家很多与外界打交道的事，母亲尽量交给我去办。交代任务后，又问我这件事该怎么办，当我说出来，不足的地方她就补充一下，所以还能比较顺利地完成任务。

小时我常一个人乘火车，去外地，母亲说："男孩子，就要到外面跑跑，才能独立，才能真正了解外面的世界。"我经常一个人坐火车来往于太原到晋南的姥姥家，从来不会害怕，因为我觉得本来就应如此。

那年上大学，我才12岁。办理转移粮户关系、买火车票、托运行李等许多事情，都是我亲自办理的。虽然有母亲陪着，但她不出面，只是提醒我不要把证件丢了。有趣的是那次办理托运行李时，工作人员说："叫大人来办，小孩不能办。"坐在稍远处看管行李的母亲这才上来说："他能行，让他办好了，我不会写字。"工作人员无奈，只好让我办。

……

很多年过去了，这段经历依然记忆犹新。这些难忘的经历现在看来却成了珍贵的财富。

一名英国的心理学博士曾经说过：这个世界上所有的爱都是以聚合为最终目的，只有一种爱是以分离为目的，那就是父母对孩子的爱。父母可以用给孩子吃好穿好来表达自己的爱，可以用不让孩子吃一点儿苦来表达自己的爱，可以用督促孩子努力学习来表达自己的爱。可以用竭尽全力给孩子上一所好学校来表达自己的爱，但是父母一定要明白，做这一切的目的，是为了孩子能够独立生活，是为了让孩子尽早作为一个独立的个体从父母的生命中分离出去。这种分离越早，父母的教育就越成功。

（张亚勤，12岁考入中国科学技术大学少年班，23岁获得美国乔治·华盛顿大学电气工程博士学位，现任微软公司全球资深副总裁、微软亚太研发集团主席）

27

给孩子一则座右铭，让孩子在自我激励中成长

——培养孩子的自我教育能力很重要

抽打自己的鞭子要掌握在自己的手里，在漫长的人生道路的每一步上，都要经常鞭策自警，万不可以为有过一两次抽打就可以沿途平安了。

——著名教育改革家
魏书生

父母应当给孩子选择座右铭的最终决定权，因为座右铭是用来激励孩子的。

座右铭也可以由孩子自己写。一则座右铭的诞生往往伴随着作者心理上的成熟和思想上的升华。

最好的教育是自我教育。人一生最强大的动力来源于自己的内心深处。

据古书记载，最初的座右铭是一种被称为“欹器”的酒具。这种酒具非常奇特。空着的时候，它会往一边倾斜。如果把它装得满满的，它又会一个跟斗翻过去。只有在装了半罐的时候，它才能稳稳当当地直立着。人们从这种器具中受到了“做人不能自满，自满就要翻跟头”的启迪。

春秋五霸之一的齐桓公非常喜欢这种欹器，在他的座位右边就放着一个，用来时刻警戒自己不要骄傲自满。也许是后来这种欹器失传了，也可能是后人感到用文字更能准确表达自己的思想，欹器的作用被刻在金属上的文字所代替。因为古代文人喜欢将“铭”放在座位的右边，于是称为“座右铭”。

今天的座右铭一般都是人们用来自警、自励或作为行为准则的文字，有的书写出来贴在屋内的墙上，有的压在桌子的玻璃台板下，有的写在笔记本上。

他们的座右铭

座右铭能给人启迪和鞭策，增添信心和勇气，古今中外的成功人士几乎都有自己的座右铭。

鲁迅在少年时代曾经因为上学迟到而受到了老师的批评。他并没有原谅自己，而是在课桌上刻了一个“早”字，激励自己珍惜光阴；“为中华之崛起而读书”则是周恩来求学时期的座右铭；齐白石以“天道酬勤”激励自己，在他 93 岁高龄时仍然画了六百多幅画；中国现代杰出画家徐悲鸿的座右铭是

"人不可有傲气，但不可无傲骨"；著名数学家苏步青的座右铭是"今天能做的事，不要拖到明天去做"；近代电磁学的奠基者法拉第的座右铭是："拼命去争取成功，但不要期望一定会成功。"

座右铭除写在纸上以外，还有许多其他的形式。

镜铭

周恩来在南开大学读书时，在大立镜旁糊了一面"纸镜"，上面写着："面必净、发必理、衣必整、纽必结；头容正、肩容平、胸容宽、背直。气象：勿傲、勿暴、勿怠；颜色：宜和、宜静、宜庄。"周恩来一生就是这样严格要求自己的。

壁铭

虎门销烟的近代民族英雄林则徐为了能够很好地控制自己的情绪，锻炼自己的克制力，写了"制怒"两个字贴在厅堂的壁上，时刻提醒自己不要冲动。

印章铭

在书画作品上，除书画家的姓章以外，还有闲章。闲章上刻的字往往是书画家用以明志自警的格言。画家徐悲鸿有一枚闲章是"困而知之"。

尺铭

《聊斋志异》的作者蒲松龄将"有志者事竟成，破釜沉舟百二秦关终属楚；苦心人天不负，卧薪尝胆三千越甲可吞吴"镌刻在镇尺上，激励自己义无反顾。

碗铭

抗日英雄吉鸿昌曾让瓷匠将"做官即不许发财"七个字烧制在碗上，发给他统帅的部队官兵，以示告诫。

给孩子一则座右铭

1. 与孩子一起选择座右铭

对于小学阶段的孩子，尤其是低龄段的孩子来说，让孩子自己选择座右铭，他们往往还难以胜任。对于应当选择什么样的座右铭作为激励自己的文字他们还不太清楚，这时候就需要父母给孩子提供必要的帮助。

一是向孩子提出给自己选一则座右铭的建议。如果老师在学校没有给孩子介绍过座右铭，可能孩子还不知道有这样一种自我激励的方式，父母可以把这种形式介绍给孩子，向孩子提出送给自己一则座右铭的建议。

二是帮孩子查找必要的资料。父母可以和孩子一起查找一些名言警句、成语谚语等，作为座右铭的备选资料，供孩子选择。

三是给孩子提出建设性意见。在孩子选择座右铭的过程中，父母可以给孩子讲解每句话的意思，还可以把写下这句名言的名人的故事、成就讲给孩子听，加深孩子对所选名言、警句的理解。

父母应当给孩子选择座右铭的最终决定权，即使孩子最终选择的或确定的座右铭不是最好的或者不是最合适的。因为座右铭是用来激励孩子自己的，所以只有孩子自己选定的座右铭才能真正起到这样的作用。

在与孩子一起选择座右铭时，父母应当遵循以下原则：

座右铭要有激励性。所谓激励性，即要选择那些能够吸引人向上、催人奋进的格言警句作为座右铭。

座右铭要有针对性。座右铭有的重在立志，有的重在修身，有的可以让自己更好地面对生活中的挫折，所以选择的时候要有针对性。例如，林则徐“制怒”的匾额就是针对自己易怒的性格弱点而设的。

2. 给孩子写一则座右铭

座右铭也可以是父母自己的领悟。

我国著名教育家黄炎培，曾经给儿子写过这样一则座右铭：“理必求真，事必求是；言必守信，行必踏实；事闲勿荒，事繁勿慌；有言必信，无欲则刚；如若春风，肃若秋霜；取象于钱，外圆内方。”

这则座右铭教育孩子怎样待人接物。开头几句意在告诫儿子：做人要追求真理，凡事探求其内在的客观规律；讲话应当守信用，行动应踏踏实实；要警策自己，抓住时间，勤奋用功；遇事多要冷静沉着，切忌慌忙。最后四句按照黄炎培先生的儿子黄大能的解读是：“‘取象于钱，外圆内方’八个字是指中国旧时的铜钱，中间有方孔，也就是如果认为这是真理，是绝对正确的事，就应像铜钱中的方孔那样方正，应该坚持，然而对人的态度，就应和若春风，也就是要‘圆’，但是这里所谓的‘圆’却不是‘圆滑’。所以在原则上必须要像‘秋霜’一样的严肃；在待人处事上，则应像‘春风’那样和气。”

有些父母觉得自己文化不高，不能给孩子提供什么有价值的文字语句。但知识和智慧是两回事，文化不高识字不多，也可能很有生活的智慧。父母也可以把自己朴素又真切的人生感悟说给孩子听，作为孩子的座右铭。

“家有良田，可能要被水淹掉；家有宫殿，可能要被火烧掉；肚子里文化，水淹不掉，火烧不掉，谁都拿不走。”这是作家麦家的父亲跟他说的一句话。他的父亲是个农民，识字量十分有限，认不完一张报纸。麦家写道：

> 1978 年春节，我初中读到了最后一学期，在我看来

也是我人生求知途中的最后一站。在那个政治挂帅的年月，读高中是组织推荐的，而且名额十分有限。我家成分不好，父亲是“反革命”，外公是地主，爷爷是基督徒，头上戴着三顶“大黑帽子”，可以说“高中之门”对我彻底关闭。所以，上了初中我就没有好好读过书，心想反正上不了高中，破罐子破摔，成绩很差。

1977年底，国家恢复高考。父亲觉得来年上高中可能也会变政策，结束推荐，恢复考试，于是开始关心我的学习，鼓励我好好读书。这句话就是父亲为鼓励我好好读书专门对我说的。

……这句话以其特殊的形式和内涵深深打动了我，以其异常华丽的色彩和哲理深度永远烙在了我心里，成了我人生接受的第一个“哲理”、第一句“名言”。改变一个人有时候就是一句话，一夜之间，一念之间。当我带着这句话去上学后，我变了，我像换了一个人，至少是换一颗心灵，换了一台发动机。那年，我们全校两个毕业班，总共98名同学，只有5人考上高中，我幸运地成为其中一员。这是我人生的第一个转折，我现在所有的一切，都是从这里起步。今天，读书对我来说已经完全不是为了迎接什么考试，但我依然痴迷读书。

3. 让孩子自己写座右铭

座右铭也可以由孩子自己写。每个人都有自己的个性，人与人有着不同的性格特征、家庭背景，面临的问题也不相同。已有的格言都是作者从自己的人生感悟中提炼出来的，其中的含义作者自己感受最深，其勉励和警示的作用也只有在作者身上体现得最为彻底。如果能为自己写座右铭，就更能切合自身的实际，所起的自我教育作用也更明显。座右铭可以从已有的名人格言中变化而来，加上孩子自己的感悟，也可以是孩子自己创作的。一则座右铭的诞生往往伴随着作者心理上的成熟和思想上的升华，对自身的健康成长无疑能起到促进作用。

4. 座右铭可以更换

孩子成长的不同时期面对不同的问题，可以选择不同的座右铭。例如，如果孩子害怕失败，可以选“不怕失败的人比不失败的人强”作为孩子的座右铭；如果孩子生活中遇到了挫折，可以选“挫折其实就是迈向成功所应缴的学费”“伟人之所以伟大，是因为他与别人共处逆境时，别人失去了信心，他却下决心实现自己的目标”等格言激励自己；如果孩子学习上不够用心，就可以把钱伟长的“我是不相信天才的，我只是相信勤奋，只要刻苦钻研，一定会取得好成绩”送给孩子。

让孩子在自我激励中成长

最好的教育是自我教育，人一生做事最强大的动力来源于自己的内心深处。对于孩子的教育最终是为了培养他的自我教育的能力。

自我激励是自我教育的重要组成部分。德国人力资源开发专家斯普林格说：“强烈的自我激励是成功的先决条件。”座右铭在孩子的成长中可以起到自我激励的作用。通过不断的自我激励，孩子会产生一种强大的自我成长的动力。但座右铭对于一个人究竟能起多大的作用，关键是看选用者的决心有多大。一旦选择好了座右铭，就应该用它来指导自己的行为。如果仅仅是心血来潮时信笔书写一通，或者摘录大量箴言警句，只不过是为了作文写得更好，或是向别人炫耀知识，这样的座右铭并没有什么意义。

在孩子人生的一些重要时刻，在孩子面临挫折的时候，父母不妨送给孩子一则座右铭，赋予它更加鲜活的时代内容，让它时刻激励孩子的成长。

小贴士

以下这些名言、谚语父母可以和孩子一起读一读。可以选择一些自己有感悟的、有针对性的作为孩子的座右铭。

1. 故天将降大任于斯人也，必先苦其心志，劳其筋骨，饿其体肤，空乏其身，行拂乱其所为，所以动心忍性，曾益其所不能。（孟子）

2. 勤能补拙是良训，一分辛苦一分才。（华罗庚）

3. 看一遍不如背一遍，背一遍不如写一遍，人的四肢、人的头脑越用越灵。（茅以升）

4. 我是炎黄的子孙，理所当然地要把学到的知识，全部献给我亲爱的祖国。（李四光）

5. 谁若游戏一生，他就一事无成；谁不能主宰自己，就永远是一个奴隶。（歌德）

6. 如果我们想的都是快乐念头，我们就能快乐；如果我们想的都是悲伤的事，我们就会悲伤；如果我们想到一些可怕的情况，我们就不会安心了；如果我们想的净是失败，我们就会失败。（海默）

7. 任何问题都有解决的办法，无法可想的事是没有的，要是你果真弄到了无法可想的地步，那也只能怨自己是笨蛋、懒汉。（爱迪生）

8. 对人来说，最苦最难的莫过于战胜自己。（大松博文）

9. 告诉你使我达到目标的奥秘吧，我唯一的力量就是我的坚持精神。（巴斯德）

10. 生命是宝贵的，生命对我们只有一次。一个人的生命应当这样度过：当他回首往事的时候，他不因虚度年华而悔恨，

也不因碌碌无为而羞愧。（保尔•柯察金）

11. 不为失败找理由，要为成功找方法。

12. 环境不会改变，解决之道在于改变自己。

13. 如果光想着一件事情的难度而迟迟不肯行动，永远不会成功；只要你肯踏出第一步，你就可能成功，而且机会很大。

14. 没有梦想的人是可悲的，但是有梦想而不敢去追逐更可悲。

15. 人之所以有一张嘴而有两只耳朵，原因是听的要比说的多一倍。

16. 旁观者的姓名永远爬不到比赛的计分板上。

17. 昨晚多几分钟的准备，今天少几小时的麻烦。

18. 只有一条路不能选择，那就是放弃的路；只有一条路不能拒绝，那就是成长的路。

28

在家中给孩子安排一个劳动岗位

——参与家务劳动可以促进孩子全面发展

如果儿童让自己任意地不论去做什么而不去劳动，他们就既学不会文学，也学不会音乐，也学不会体育，也学不会那保证道德达到最高峰的礼仪。

——古希腊哲学家
德谟克利特

手的神经与大脑中枢神经直接相连，对手的刺激就是对脑的刺激。

孩子的劳动岗位应当相对稳定，一个岗位至少持续半年时间。

厨房是教育孩子的好课堂。

孩子的劳动与成人不同，不应以完成某项工作为目的，而是为了培养他们良好的道德品质和行为习惯。

朱棣文，美国斯坦福大学物理学教授，美国国家科学院院士，1997年诺贝尔物理学奖获得者，2009年任美国能源部部长。您可能想不到，除这些头衔以外，他还是一个很有水平的烹饪爱好者，并且提出“让孩子从小学会下厨”的观点。

他说，我认为应该让孩子从小学会下厨。动手做是很重要的概念，美国教育相当强调做实验，许多学生走进实验室后，自然就知道各种器材的操作方式与应有的安全观念。相较之下，中国学生可以将实验目的、步骤背得滚瓜烂熟，但是走入实验室后，常常不知所措。我曾在选拔优秀生入大学时，淘汰了一些被称为非常优秀的孩子。当时孩子的父母很不理解与不满。但我说：“这些只会念书的孩子，连煎蛋、煮蛋都不会，怎么可能懂实验？”

现在的很多家庭都没有主动让孩子做家务的意识。有些父母觉得孩子没有参加家务劳动的必要，认为有时间看看书、做几道题比做家务更有价值。这样的观念是不正确的。

苏联教育家苏霍姆林斯基说：“劳动是有神奇力量的民间教育学，给我们开辟了教育智慧的新源泉。这种源泉是书本教育理论所不知道的。我们深信，只有通过有汗水、有老茧和疲乏人的劳动，人的心灵才会变得敏感、温柔。通过劳动，人才具有用心灵去认识周围世界的能力。”

家务劳动促进儿童多方面发展

1. 参与家务劳动可以促进儿童智力发育

“儿童的智慧在他们的手指尖上。”这是苏霍姆林斯基的一句名言。孩子在动手做事情的时候，能刺激脑的活动支配能力，促进观察力、注意力、思维力、想象力的发展，这就是人们说的“心灵手巧”的缘由。

英国一份研究报告指出，英国儿童在家庭和学校缺乏动手劳动，正阻碍着他们的大脑发育。报告举例说，一些 11 岁大的孩子因为缺乏动手锻炼而在认知发育的某些方面存在缺陷。

美国斯坦福大学教授弗兰克·威尔逊是研究人类手和大脑协同进化的专家。他说：“我们是靠动手来区别不同事物的生物。我们学习的很大一部分是来自做事、创造，以及靠我们的双手去感知。削弱动手的能力会让大脑感到困惑。”他举例说，医学院的教师们感到学生了解心脏是如何像泵一样工作越来越困难，因为这些学生对真实世界的体验太有限了。他们从来没有解决过什么事情，没有修过车，没有用过燃料泵，可能还没有用过花园水龙带。

学习书本知识只是孩子生活的一部分。回到家里，孩子承担一些家务劳动，特别是做一些使用手指的细活，例如择韭菜、剥蒜，这种细微的手指运动可以刺激大脑。手的神经与大脑中枢神经直接相连，对手的刺激就是对脑的刺激。手动得多了，大脑就发达了，智力也会得到发展。

2. 参加家务劳动可以提高孩子的学习能力

参加家务劳动可以促进孩子的自我管理能力、动手能力和学习能力的提高。学习是触类旁通的，生活中的动手体验能让孩子获得更感性的认识。当孩子学习累了时，适当做些家务可以刺激大脑，缓解压力。

课堂学习也需要孩子具备动手能力。比如化学实验课中，需要划火柴、点酒精灯、往小试管里倒化学品等。如果平时在家里从没做过家务，可能连火柴都不会点。

3. 参与家务劳动可以培养孩子勤劳的品质

曾国藩说过，看一个家族的兴败，看三个地方。第一，子孙睡到几点，假如睡到太阳都已经升得很高的时候才起来，那代表这个家族会慢慢懈怠下来;第二，看子孙有没有做家务，因为劳动的习惯影响一个人一辈子；第三，看后代子孙有没有在读圣贤的经典。

让孩子参与家务劳动可以培养孩子勤劳的品质。这种品质的形成有益于孩子的一生。

4. 做家务是每个人需要掌握的生活艺术

日本早教专家牧野圣子说:“切莫小看做家务，做家务是学习人际关系的基础，也是一种比游泳更均衡的运动，而且可以丰富情绪，使孩子更自信。”

在欧美国家，即使中上层家庭也不会轻易雇人帮忙处理家务。如果夫妻都是上班族，假日几乎就是他们的家庭劳动日。对他们来说，劳动并不意味着辛苦。相反，洗车、除草、洗衣服……一家人一起做家务成为享受亲情的快乐时光。能做家务事、做好家务事，对每个人来说，是一门需要学习的生活艺术。

给孩子安排一个合适的家务劳动岗位

1. 劳动的内容要适合孩子

父母给孩子安排家务活动时有两个原则值得借鉴：一是“推进”，看看孩子有哪方面长处，可以为他选择相关联的家务劳动项目，比如孩子喜欢植物，就可以让孩子负责摘菜。二是

“弥补”，选择一些能对孩子的弱点进行锻炼的劳动活动，比如孩子手的协调性差，就可以安排让孩子负责洗碗等。

根据孩子的年龄特点，为他们安排力所能及的劳动内容。例如每天在睡觉前必须收拾好自己的房间和物品。

曾经有一个母亲把和钟点工结算工资的事情交给了读初中的儿子，孩子做得很好。

2. 劳动岗位应当相对固定

一般来说孩子从两岁开始就可以与父母一同做家务了。至少在孩子 6 岁的时候，就可以给孩子设置固定的劳动岗位。劳动岗位应当相对稳定，一个岗位至少持续半年时间，并规定具体的标准。孩子完成得好父母应当给予一定的奖励。如果孩子出现逃避劳动的情况，父母应当了解孩子内心真实的想法，根据具体情况加以解决。

3. 厨房是教育孩子的好课堂

在很多家庭中，厨房是孩子的禁地。近年来，“厨房教育”在一些国家火爆起来，很多只有两三岁的孩子被父母带进了“厨房学校”。

早在几年前，英国人就被一股“让小孩走进厨房”的烹饪风潮所征服。该风潮的引发者是一个叫萨姆的男孩。他 8 岁开始做饭，16 岁出版了图书《烹饪风暴》，被当时的英国首相布莱尔称赞为“让小孩子走进厨房的专家”。

在日本，“厨房教育”一直备受欢迎。孩子们可以在厨房里学到很多知识和技能：他们可以从小学会和火、煤气、菜刀等危险的东西打交道，让手脚变得灵活；可以看到各种来自大自然的颜色，白色的大米、碧绿的青菜、鲜红的番茄、橘红的胡萝卜；学会分辨不同的味道，洋葱是辣的，生姜是辣的，蒜是辣的，辣椒是辣的，但是辣的感觉不同；可以用课堂学到的知识思考厨房中发生的现象；知道 5 克的盐是多少，一斤鸡蛋大概是几个……

知识在这里是活的，而不是一个个的公式、符号，变得有意义了、灵动了。

手把手教会孩子劳动的技巧

1. 干家务活的能力不是天生的

父母往往认为家务活是孩子想干的时候自然就会做，不用学。事实上，孩子做家务是需要学习的。父母必须一步步给孩子做示范，手把手地教导，要注意安全、卫生，防止伤害事故的发生。

“厨房教育”有诸多好处，但是存在的安全隐患也最多，其中的煤气、热水、刀和火等都可能对孩子造成伤害。父母在教孩子学习烹饪之前，首先要对孩子进行安全教育。和孩子“约法三章”，如“不许在厨房内乱跑”等。在孩子学习用刀时，父母要等孩子熟练了再放手。需要用火时，父母不仅要让孩子练习如何点火，还要学习如何灭火。

孩子学习烹调要注意循序渐进。第一次学习做的最好是凉拌菜，然后可以学习煮方便面、炒鸡蛋西红柿等简单的饭菜。第一次用刀也要注意选择容易切的材料，如黄瓜等。教孩子煮菜时，要告诉孩子如何往开水锅里放食材才能避免被水烫到等。

2. 告诉孩子做好家务的标准是什么

当父母给孩子分配一份工作时，要让他知道做好这件事的标准是什么。如果让孩子洗碗，就要告诉孩子：要把碗盘等洗干净，扣放在餐具筐里。料理台、灶具要擦干净，洗碗池也要清理干净。

3. 不要过分限制孩子

在家务劳动中，父母可以告诉孩子一些基本的技巧，但也要允许孩子有自己的创造。如果孩子没有按照父母讲解的程序做，不要斥责孩子。比如，孩子想要用洗发液清洁厕所，父母不妨让孩子按照自己的想法试试。通过不断尝试，孩子就会对各种清洁剂的功能有所了解，认识到为什么要用洁厕灵清洁厕所。要让孩子把劳动的过程当作快乐的、创造的、发现的过程。

4. 允许孩子有失误

孩子的身体正在生长发育中，他们的一些能力是不完善的，很容易对空间距离做出错误判断，比如会打烂盘子。他们需要不断实践。父母不要对他们提出太高的要求，不要因为孩子一两次做不好就剥夺了孩子做事的机会。如果碗碟洗干净了而且没有打破，孩子就值得父母表扬。

孩子的劳动与成人不同，不应以完成某项工作为目的，而是为了培养他们良好的道德品质和行为习惯。

5. 给孩子呈现完整的劳动过程

在学校劳动的时候，老师发现有些孩子在擦完桌子之后不知道洗抹布。一问才知道，孩子们在家用的抹布都是妈妈洗干净的。父母应当给孩子展现完整的劳动过程，比如孩子负责擦桌子，就应当包括洗抹布、把抹布挂好晾干、收拾起抹布等一系列的流程。父母不要什么都给孩子准备好。

要不要给孩子家务劳动报酬

为调动孩子参与家务劳动的积极性，有些父母会采取给孩子报酬的方式。有的父母给每一项家务明码标价，例如扫地一次1元、洗碗一次2元、倒垃圾一次5角等。有的家庭的老人疼爱孩子，可能会出现扫一次地给50元，摘一次菜给100元的情况。

让孩子通过劳动获得零花钱也是一种好的想法，但如果付出与所得不对等，会使孩子对劳动的价值有不正确的认识。

有些学者很反对给孩子家务付酬，其实问题并不在于是否付酬，而在于如何付酬。在西方，很多孩子的零花钱是通过家务劳动获得的，在他们身上并没有出现让父母担心的事情。如果父母想采取这样的方式，就要给孩子的家务劳动定一个合理的价格，比如孩子一个月需要的零花钱是50元，孩子从家务劳动中的获得可以是40元，再把这40元均分到孩子参与的家务劳动项目中。有时候，孩子承担了一些额外的工作，可以多给孩子一些报酬。

父母可以对付酬方式做一个自我评估。如果采取的付酬方式让孩子劳动的态度是端正的，就可以继续实施。

让家务劳动时间成为全家人的快乐时光

在一周中选个时间，全家人一起劳动。家庭成员各负其责，收拾好后躺在干净的地板上放松放松，一家人说说话。晚上睡在散发着太阳味的被子里跟孩子说“太阳晒过后，被子味道好好闻呀”，让孩子体会劳动的美好和快乐。

孩子在成长过程中其实是特别愿意劳动的，但如果父母不让他们干，慢慢地孩子就变懒了。父母千万不要错过了培养孩子劳动习惯的最佳期。

小链接

美国专家建议的儿童家务劳动进度

6—7岁

为自己挑选合时令的衣服穿，折叠整理自己的干净衣物，保持自己房间的整洁，起床收拾床铺，准备上学要带的午餐，把洗干净的碗碟收进碗柜，扫地，打扫树叶，给花园拔草，把买回来的食物和杂物归放在相应的地方，饭后收拾餐桌，喂宠物。

8—9 岁

剪草，为全家人做简单的饭，为家人洗衣服并折好放进柜橱，打扫洗澡间，擦窗户，在父母指导下自主购买衣物。

10—12 岁

整理壁橱和抽屉，缝扣子或小补丁，换床单，用洗衣机洗衣服，餐前摆餐具，餐后收拾餐桌，擦洗车子，遛狗或打扫宠物垃圾。

13 岁以上

做饭，采购日常食品、杂物，家庭用品的简单修理。

29

为孩子购买一张电视节目报

——让孩子做媒介的主人而不是奴隶

在过去十年中，大量的理论研究表明，电视对人的精神和心智是有害的。大多数电视观众都知道这个坏习惯会浪费时间并且使大脑变得迟钝，但是他们还是选择待在电视机前面。

——苹果公司联合创始人
史蒂夫·乔布斯

电视只是一个工具，它能起到什么样的作用取决于人们如何使用它。

不是所有的动画片都适合儿童，有些动画片是制作给成人看的。

不要用允许看电视或是增加看电视的时间，作为对孩子的奖赏。这会强化孩子对于看电视的渴望。

电视是孩子生活中躲不开的。有的父母将它视为洪水猛兽，其实电视只是一个物件、一个工具，它能起到什么样的作用关键是看人们如何使用它。既然是作为一个工具来使用，那么应当如何使用也是需要学习的。孩子们从电视节目中看到了什么？能够正确理解电视节目的内容吗？孩子看电视时的情绪是怎样的？是害怕、生气、兴奋，还是……对待电视的态度是正确的吗？这些都需要父母了解。

对于孩子看电视父母不能听之任之。在孩子开始接触电视的时候，父母就要采用一些招数教会孩子正确看待电视，控制孩子看电视的时间，帮助孩子选择电视节目。如果方便的话，最好给孩子买一张电视节目报。如果不方便，下载一份电视报的电子版也可以解决问题。这有点儿像逛超市。超市里的商品琳琅满目，我们在去超市之前最好准备一张购物清单。一是节省了时间，二是避免冲动之下买了自己并不需要的东西，三是不会遗漏自己想买的物品。

买电视节目报的目的是为了让孩子养成看电视节目单的习惯。父母要和孩子一起看看都有哪些节目在播放，什么时间播放，一档节目收看完需要多长时间，然后制订一份孩子的收看计划。帮助孩子建立与电视的正确关系，才能让电视在孩子的生活中发挥正确的作用。

限定看电视的时间

父母要把孩子每天看电视的时间限制在 1 个小时以内。如果是周六周日，时间可以长一些，但是周一至周五的时间就要相应地缩短。

1. 看电视时间过长影响孩子的身体健康

儿童正处在身心迅速发展时期，每天长时间坐着看电视容易使孩子神经系统与机体产生疲劳，影响孩子身体机能的发育。眼睛过久盯着屏幕会影响孩子的视力，导致近视、散光等眼科疾病。

电视中混杂着很多暴力、色情、低俗、荒诞的不健康因素，分析、思考能力尚未健全的儿童会盲目模仿电视中的行为，对他们的行为、语言等方面产生不良影响。电视节目中的某些恐怖、紧张情节会导致孩子焦虑、忧郁、不安、恐惧，损害孩子的心理健康。

2. 看电视过多对孩子智力发展不利

电视节目是以较为简单的声像符号为载体进行传播，其中的人物形象是直观的、鲜活的，内容情节也往往是连贯的、完整的，看电视的人不需要在头脑中进行任何转换、加工。这是对信息的“浅加工”，儿童容易成为信息流的“下载机”，不需要进行思考。而图书则以语言文字或静态图画为载体，孩子在读书时需要将书中的文字描述在头脑中转化为具体形象，在这个过程中需要融入个体的生活经验，需要孩子主动思考。

而且，电视画面的呈现往往瞬息万变，故事情节推进很快，孩子在观看时常常会目不暇接。看书时，孩子可以根据自己的理解力，自由掌握翻阅的速度，理解快的就看快一些，理解需要费点儿精力的看慢一些，还可以翻回来重看。这就为他们充分理解故事内容、填充情节提供了充足的时间。

长期沉迷于电视还会让儿童远离现实生活，影响儿童的交往能力。

3. 规定时间，防止孩子沉溺于电视

每档电视节目都有固定的播出时间，孩子往往会因为想看某个电视节目，即使第二天有很重要的考试，也希望父母能够通融允许自己看电视。这个问题其实是可以解决的。很多电视节目都有重播，也可以在网上找到，有些电视机还有回放功能，所以当电视节目与孩子的作息时间有冲突时，父母可以给孩子提出这样的解决办法。

许多孩子养成沉溺于电视的习惯是由于父母在孩子小的时候把电视当成孩子的第二父母。父母没有时间照看孩子或是觉得有些烦的时候，就把孩子扔给电视机。如果孩子已经养成了这样的习惯，父母就要吸取教训，规定好孩子每天看电视的时间，并严格遵守。如果孩子周六有一个想看的节目，需要超过 1 个小时的时间，超出的时间就要从日常中节省出来，具体从哪天中节省由孩子自己决定。

挑选电视节目的内容

电视节目是针对所有人的，并不是所有的节目都适合孩子。所以，对于孩子能看哪些电视节目，父母一定要与孩子一起挑选。

2012 年 3 月 5 日，《新民晚报》刊登了这样一则新闻。小华和小美是福建省漳浦县前亭镇过港村人，同是小学五年级的学生，年仅 12 岁。3 月 1 日下午第一节课结束后，小华神色慌张，称她摸遍了全身口袋，就是找不着自家卷帘门的遥控器。她把这件事告诉了小美，两人一起商量着该怎么办。这对好姐妹竟然商量出了一个跳塘自杀的方案，并留下了两份遗书。当天下午放学后，两个女孩一起跳进 2 米多深的池塘，等到家人发现为时已晚，两个花季少女的生命已消逝在池塘里。小美在遗书中写道："老爸，老妈，我不能孝敬你们了，我要走了。弟弟要好好孝敬老爸、老妈。我的好姐妹（指小华）弄丢了钥匙，她怕回去被骂，她要去死，我决定陪她一起去死。你们要放宽心，我们不能同年同月同日生，但求同年同月同日（死）。这一辈子，我有两个秘密，一个是要穿越时空，到清朝，拍一部皇帝的电影，一个是要到太空。"她们跳塘自杀有害怕父母惩罚的因素，但是从电视节目中得到的对于死亡的错误认知是一个重要的原因。作为父母，对于孩子看的电视节目内容应当进行限制与引导。

1. 太暴力的电视节目应禁止让孩子看

美国哥伦比亚大学精神病学家杰夫里·约翰逊教授领导的研究小组对 707 名儿童进行了一项长达 17 年的跟踪调查，对受试者看电视的时间进行详细的统计。研究刚开始时，受试者还只有 1—10 岁。在 17 年当中，这些儿童一直在接受各种测试和调查。研究发现，年龄在 14 岁左右的儿童如果平均每天看电视的时间在 1 个小时以内，当他们长到 16 岁时，有 5.7% 的人有过激行为；平均每天看电视的时间在 1—3 小时的，上升为 28.8%。

孩子长期在电视上看到大量的暴力场面会渐渐感到麻木，习以为常，在生活中也会采取这样的行为方式。所以，有暴力的电视节目应禁止让孩子看。

2. 尽量不要让孩子看成人电视剧

在很多家庭中，由于父母收看电视习惯的影响，孩子往往与成年人一起收看成人电视连续剧。清宫、爱情、伦理，家长里短、钩心斗角，孩子照单全收。尤其是一些女孩子更是热衷于此。这类节目中的许多内容是儿童理解不了的。对于其中的一些问题，或是社会阴暗面，成年人能够正确理解，但是对于孩子来说就可能导致错误的认知。

3. 鼓励孩子收看一些知识性的节目

把电视节目的内容与孩子的学习、现实生活结合起来，鼓励孩子收看一些对儿童发展有益的、知识性的电视节目，比如科学探索节目和法制宣传节目等。鼓励孩子离开电视屏幕，多参与实际的活动，比如，在收看与动物有关的节目后可以带孩子到动物园参观，或者到图书馆查阅相关的书籍，把孩子的兴趣引导到图书上来；看到电视上介绍某个景点后可以带孩子去实地参观一下，看看与电视中的介绍有哪些异同。这样收看电视有利于孩子理解电视与现实生活的关系。

与孩子一起看电视

确定了看电视的时间和内容，父母的任务并没有结束，因为有些父母觉得适合儿童看的电视节目也会给儿童带来误导。2013 年 4 月，媒体上广泛报道的一个悲剧的发生就与儿童看一部动画片有关。4 月 6 日傍晚，江苏省连云港市东海县石榴街道麻汪村 3 名不足 10 岁的男童在一起玩耍时，模仿动画片中灰太狼“烤羊肉”的情节，其中一个孩子将另外两个孩子用绳子捆在树上，随后点燃了两人脚下的杂草。两名被捆儿童由于一时无法逃跑，被严重烧伤，8 岁的哥哥全身 40% 特重度烧伤；5 岁的弟弟全身 80% 以上特重度烧伤。

其实，“模仿电视剧受伤害”的案例时有发生。2004 年重庆市大渡口区某中学初二辍学的唐军受电视剧《天不藏奸》的启发，伙同 4 名青少年将 1 名年轻女子砍伤并掠夺财物后逃跑；2011 年 11 月广东 7 岁的女孩小海芳模仿电视剧《还珠格格》里的小燕子上吊自杀意外死亡。这样的事情已经屡见不鲜。在呼吁媒体负起社会责任，不要误导儿童的同时，父母要做的是不要把孩子交给电视，不要过分相信电视节目。

父母要知道，并不是所有的动画片都适合儿童，有些动画片是制作给成年人看的，而且这样的片子越来越多。即使是专门做给儿童看的电视节目，也可能对儿童产生错误的影响。所以，父母要尽可能地与孩子一起观看选好的电视节目，帮助他们理解他们所看到的。如果父母对电视中的行为表示不赞同，可就电视内容的真实性进行提问，并和孩子一起讨论，教育孩子正确地评价电视节目内容，而不是随便地接受。比如，看电视广告时，广告介绍的方便面里有很大一只虾，父母可以给孩子买一碗，让孩子知道广告为了吸引消费者对产品往往有夸大的成分。也可以与孩子一起评论电视人物的行为，利用电视让孩子了解现实生活，比如这个女孩很有礼貌，到别人家做客该如何做，孩子应当如何对父母说话，等等。在这个过程中，孩子可以受到很好的生活教育。

如果父母没有时间与孩子一起看电视，也可以让孩子把电视节目的内容复述给自己听。这样一方面父母可以了解电视节目的内容，看看孩子对哪些内容感兴趣；另一方面也可以锻炼孩子的记忆力、表达能力。父母借此也要及时与孩子交流自己的想法，对孩子进行正确的引导。

注重看电视的环境

1. 电视机与孩子的距离不要过近

看电视时，孩子的座位与电视机的距离根据电视机屏幕的大小而定。一般来说，这个距离应当是电视屏幕的五至六倍，即电视屏幕越大，孩子的座位离电视机就要越远。

2. 声音不要过大

长时间在较高音量的刺激下，不仅容易使孩子听觉的感受力降低，形成不良的听觉习惯，而且容易导致视觉等感受力的下降。所以，电视的音量不要开得过大。

3. 光线明亮度要适宜

孩子看电视时，不要把家里的照明灯都关掉。在电视机的后方装上一盏小灯，或是开一盏低度照明灯，可起到保护视力的作用。

4. 看电视时要注意坐姿

看电视时，不要让孩子歪歪斜斜地坐在沙发上，更不要躺着看。不正确的姿势容易使孩子未定型的脊柱发生变形与弯曲。

5. 不要用看电视来奖赏孩子

父母经常会说："不写完作业不许看动画片。"这往往会强化孩子对于阻碍自己看动画片这件事的"仇恨"，会把不良情绪发泄到这个任务上。所以，当父母要求孩子不看电视的时候，要强调不能看电视的时间到了，用规则来管理孩子的时间。当孩子表现好的时候，也不要用看电视作为奖赏，这会强化孩子对于看电视的渴望。

6. 父母要养成正确的收看电视习惯

父母收看电视的方式往往会影响孩子的收视习惯。父母要避免自己过度收看电视，尤其是暴力节目。

电视对于儿童并非一无是处。先不说孩子从电视中能够学到什么，对于孩子的伙伴交往来说，如果孩子在其他小朋友谈论某个电视节目的时候不知所云，就会感受到群体的冷落。

电视只是一个工具，关键看我们如何使用它。

延展阅读

孩子在生活中，除电视以外，还会接触到网络、手机、ipad 等。对于孩子使用这些工具的管理，与电视是相同的。

1. 事先规定好使用的时间，比如手机只能在家的时候用，不能带到学校；网络周一至周五每天只能使用半个小时。

2. 引导孩子正确地使用，比如网络可以用于查找自己需要的文献，收发电子邮件，观看自己想看的影片，等等。

3. 参与孩子的使用活动。父母参与孩子的使用活动的过程，就是给孩子正确使用这些工具做示范的过程。父母不要给孩子买了ipad就不闻不问，自己也要正确使用这些工具，而不是整日看电视连续剧，在电脑上玩游戏，在手机上与人聊天，等等。

30

一本安全手册，为孩子的生命安全保驾护航

——孩子自我保护教育不可缺

儿童性侵事件中，50%的性侵者是邻居、亲戚、朋友。父母不要轻易把孩子委托他人照管，尽管你确定那个人是一个正直、老实的人。

网络是一个虚拟的世界，但是对孩子的伤害却是真实的。

父母要告诉孩子：生命安全比一切物品都重要。

在懂得应该如何做与会做之间是有很长的一段距离的，所以自我保护的能力需要训练。父母要尽可能地模拟一些场景，与孩子一起练习。

很多父母在孕育一个新生儿的时候往往想着只要是一个健康的孩子就好。那时候，孩子的生命健康是放在第一位的。但是随着孩子年龄的增长，尤其是孩子进入小学接受正规的学校教育之后，父母开始把关注点放在孩子的学习和未来发展上。而对于孩子面临的安全问题，许多父母要么意识不到，要么采取过度保护的措施。每听到一个孩子受伤害的事件，对自己孩子的保护级别就不断增加。保护孩子的安全是父母的责任，但是教孩子学会应对生活中存在的一些不安全因素是父母更重要的职责。

看，这些不安全的因素

生活在社会中的孩子，会遇到不少可能伤害到自己的事情，下面的事例有的您可能听说过，有的您可能从来没想到过还有这样的事情发生。

1. 两个女孩钻进木箱玩“躲猫猫”窒息死亡

2012 年 4 月 9 日的《华西都市报》报道了这样一个事件：4 月 2 日，四川省内江市隆昌县双凤镇两名 9 岁女孩出去玩耍后，离奇失踪。家人多方寻找没有结果。7 日，两个女孩失踪 6 天后，家属发现孩子躺在家中 4 楼的一个木箱子里，已经死亡。两个小女孩的尸体被警方带走进行尸检。检验结果显示系窒息死亡。警方推断，两个孩子是到箱子里面玩耍，结果箱子盖掉下来，箱扣迅速被扣上。箱子的锁扣很牢靠，两个孩子怎么使劲也打不开，最终因为窒息死亡。

家人说孩子平时在家里喜欢玩捉迷藏游戏，常常到一些箱子、柜子里玩“躲猫猫”。这一说法也进一步证实了警方的推测。

2. 孩子雷雨天打手机遭雷击身亡

《南方日报》曾报道：2012 年 5 月 29 日下午 2 时许，广东信宜市丁堡镇一名 17 岁在校学生梁某，因为雷雨天打手机，被雷击中身亡，和他在一起的另外 2 人被击伤。

当日下午，梁某因不用上课，便与母亲一起到邻居家帮忙建房子。下午 2 时许，突然下起了大雨。梁某母子便与几名工人走到另一邻居家的三楼楼梯处避雨。当时雷鸣电闪，但梁某在不停地打手机。母亲劝他不要在响雷时打手机，但梁某没有理会。突然一声霹雳，响雷击中了梁某头部。刹那间，他便从三楼跌落至一楼，当场死亡。另有一名工人被雷电击晕，经抢救后脱险；还有一名工人被雷击伤手脚。

3. 少女在车内睡觉时中暑身亡

2011 年 8 月 19 日，《扬子晚报》报道：8 月 14 日，经商的江苏省扬州市市民张某带着妻子、女儿，开着刚买不久的轿车去办事。当车子行驶在扬州沿江公路上时，父母下车跟亲戚谈事情，17 岁的女儿小张（化名）由于疲劳一个人留在车里。夫妻俩考虑女儿在车内睡觉，长时间开着空调会导致一氧化碳中毒，便在走之前将车钥匙拔了，将汽车熄了火。他们原以为很快能将事情谈完，可不知不觉一谈就是两个小时。两人回到车上，看到了令他们心碎的一幕。女儿躺在车里，脸色发青，已经休克。父亲用最快的速度将女儿送到医院，但没能挽救孩子的性命。

4. 英国 15 岁少女因长期遭受“网络暴力”自杀

2009 年 9 月 16 日，英国女孩霍莉·格罗甘纵身跳下天桥，被过路车辆撞上，结束了自己年仅 15 岁的生命。

霍莉的父母把女儿自杀的原因归咎于社交网站带来的“巨大压力”，因为长期以来同学在“脸书”交友网站写下许多恶意留言来攻击和羞辱她。为躲避同学的谩骂，霍莉不得不转学。但是，没想到原来学校里那些欺负她的女孩子教唆她新学校的朋友继续攻击她。霍莉绝望了，只能以死结束这一切。

5. 12 岁男童遭性侵

据媒体报道，广州 12 岁男孩小杰（化名）2012 年年初通过 QQ 漂流瓶与成年人李军相识。网上聊天一个多月后，他们见了面。李军为小杰购买了一台约 2 万元的电脑，方便小杰玩“地下城勇士”游戏。约半年时间内，李军与小杰发生 6 次性关系，每次事后都给小杰 200 元钱。他还说：“如果没有钱用了，就跟哥哥说。”父母发现异样后报警，警方介入调查后确认，李军涉嫌猥亵男童，随后被刑拘。知情人称，除小杰外，还有其他 3 名未成年人被侵犯，在其 QQ 内有 160 多个 13 岁以下的未成年人。

6. 学生被家教老师猥亵

2011 年 1 月 27 日，《扬子晚报》报道：江苏省姜堰市 56 岁的张某 2008 年 8 月开始办家教，招收爱好书法的学生。2008 年 9 月的一天，张某教完课后安排学生自由练习。他走到 7 岁男孩小田旁边，抚摸小田的头，一边夸奖小田一边将手伸进他的下身说：“你的表现不错，让老师疼一下。”碍于老师的威严，小田没有反抗。张某先后多次猥亵 3 名小男生。后来，张某以同样的方式，将手伸向 7 岁女孩小美的下身。小美因尿路感染疼痛，妈妈觉得蹊跷询问时，小美才说出真相。

快，给孩子一本安全手册

面对生活中存在的形形色色的危险，一方面父母要提高安全意识，另一方面也要教给孩子一些自我保护的知识。当孩子开始可以独自行动，父母就应当对孩子进行安全教育，给孩子一本安全手册。

最近，一个名为“英国儿童十大宣言”的帖子在网上非常流行。帖子的内容非常具体，有很强的可操作性，其核心高度关注儿童的生命安全。尽管有人因为没有找到该宣言的英文原文而质疑它的真实性，但这并不影响这个帖子在儿童安全教育方面的价值。“英国儿童十大宣言”内容如下：

> 平安成长比成功更重要；
> 背心、裤衩覆盖的地方不许别人摸；
> 生命第一，财产第二；
> 小秘密要告诉妈妈；
> 不喝陌生人的饮料，不吃陌生人的糖果；
> 不与陌生人说话；
> 遇到危险可以打破玻璃，破坏家具；
> 遇到危险可以自己先跑；
> 不保守坏人的秘密；
> 坏人可以骗。

这十个方面涵盖了儿童安全教育方面的一些基本内容，也指出了儿童安全教育方面的一些基本原则。这个宣言关于儿童安全方面更多地侧重于人际安全，也就是人对于孩子可能造成的伤害。在儿童所面临的安全问题中，这只是其中一个方面。

关于儿童的安全问题，总结起来大致有以下几个方面。

1. 居家安全——家用设备的使用

父母要告诉孩子各种家庭日用设备的使用方法，比如各种电器、天然气灶等。许多父母因为怕发生危险，不让孩子动用这些东西，也不向孩子介绍这些东西的使用方法及注意事项。但是生活中有许多事情是我们不能预料的，万一孩子独自在家的时候动用了这些设备，又对使用这些设备的注意事项一无所知，就很容易发生事故。

父母要告诉孩子：

如果发现家里有很重的煤气味要及时打开家中所有的门窗通风，并且立即切断气源。

煤气不用了，要把开关关到底。

家里的所有电源插座都不能用导电物体（导电物是铁、铜等金属制品，如别针、钉子等）去试探。

手脚和身体湿的时候不能摸电器，不能把录音机、电吹风机放进浴室，不要用湿抹布去擦拭电源插头和插座。

电脑不用的时候要关掉电源。

知道家里的电闸在哪儿，如果看到家里的电器冒烟、冒火花或有一股烧焦的气味时，马上拉闸切断总电源。

在使用搅拌机和水果榨汁机时不要将手伸进机器。

吸尘器在亮红灯警示时不要继续吸，要及时清灰，用完拔掉插头放回原处。

灯泡下边不要放干花等易燃物品，灯泡的热度可能会烤燃毛围巾、化纤织物等物品。

雷雨时要拔掉电器插头，以防雷电击毁电器或伤人。

家里放的一些药品也要让孩子了解，以免孩子误食误服。

2. 防范人际侵犯

人际伤害包括拐卖、绑架、以侵犯财产为目的的伤害、性侵害等。要注意的是，孩子不仅面临着陌生人的伤害，熟人的伤害也会发生，比如学校的老师、邻居或是父母的朋友。面对这些人，孩子往往缺乏警惕性，伤害更容易发生。

2012 年，北京朝阳区检察院对三年来猥亵儿童案件进行统计分析，发现这些案件的被告人为邻居、亲戚、朋友的占到了案件总数的 50%。

韩国警察厅针对1020名儿童性犯罪者进行的调查显示，大部分受害者遭熟人性侵犯，比例高达55%（561名）。

因此，父母不要轻易把孩子委托给他人照管，尽管那个人是自己的同事，尽管你能确定那个人是一个正直、老实的人。

父母要告诉孩子：

如果独自在家，有陌生人来敲门，可以隔着门告诉他，爸爸妈妈正忙着或在睡觉。不论他有任何理由，都不要开门。

接听电话时，不要告诉对方自己的名字、地址、此刻谁在家里等任何与家里有关的信息。

上学、放学的路上要与同学结伴走，不要走人少、偏僻的小路。

不要独自去加油站、戏院、餐馆或其他公共场所的洗手间。

发现有人跟踪，要立即打110。

不接受陌生人给的任何东西，特别是食物。

如果陌生人说要带你去一个好玩的地方，或要和你玩一种有趣的游戏，千万不要跟他走。

如果在学校与同学相处不愉快，尤其是有学生跟自己要钱等，要及时告诉父母。

警察是可以依赖的人。父母要告诉孩子在他经常活动的区域里警察“安全亭”的具体位置，以备孩子遇到危险情况时寻求帮助。

设定一个家庭密码。如果有家人以外的人想带自己走，一定要说出自己家的安全密码才行。家庭密码不能随便告诉别人。

告诉孩子哪些地方是别人不能摸的，哪些地方是不能暴露给别人看的。

3. 虚拟世界的伤害是真实的

截至2011年年底，我国未成年网民已近1.3亿人。网络让孩子轻易接触到各种各样的陌生人。它是一个虚拟世界，但是对孩子的伤害却是真实的。

对此，父母应该掌握一些网络知识。比如，小杰被伤害事件发生后，很多父母对于“QQ 漂流瓶”这个名词感到很陌生。有些父母虽然有 QQ 号，但是对于“QQ 漂流瓶”却并不熟悉。据了解，除 QQ 聊天软件以外，越来越多的电脑、手机都开通了陌生人交流的应用，方便陌生人搭讪。父母要观察、了解孩子使用网络的情况，并告诉孩子一些安全使用网络的知识：

不要在网上公布自己的真实信息，比如姓名、就读的学校、家庭住址、电话号码，等等。

不要私下与网友见面。如果有网友约自己见面，一定要告诉父母。

如果网络上有人对自己实施语言暴力，要告诉父母。

4. 交通事故成为孩子最大杀手

公安部曾经发布的一组数据：我国每年超过 1.85 万名 14 岁以下儿童死于交通安全事故，交通事故已经成为 14 岁以下儿童的第一死因。随着拥有私家车的家庭越来越多，孩子乘车安全也成为一个重要问题。父母要做到：

不要让孩子坐在副驾驶的位置上。

其一，小孩天性好动，坐在副驾驶的位置上，汽车中控台、排挡杆、手刹都有可能成为孩子摆弄的对象，增加行车的危险系数；其二，副驾驶位置的安全带是以成年人的标准配备的，一旦出事可能会勒在孩子的颈部，对孩子造成伤害；其三，如果汽车发生碰撞，副驾驶位置弹出的安全气囊会产生相当大的冲击力，从而对儿童造成伤害。据 1999 年美国统计的数据显示，由于安全气囊爆开致死的 150 人中绝大多数是儿童。

对任何年龄的儿童，小汽车的后排都是最安全的位置。

另外，身高不到 1.5 米的儿童不要直接使用汽车后座的安全带。要使用汽车安全坐垫将儿童垫高后，再正常使用安全带。

不要把孩子独自留在车内。

把孩子独自留在车内安全隐患很多。像前面提到的小张的例子就是其中之一。根据国外研究，当气温达到 29 摄氏度时，封闭车厢内温度会在头 30 分钟冲高到 50 摄氏度。

此外，在炎热的夏天开汽车空调还应当注意缺氧的问题。汽车在车库里开着空调，因为空气不流通，容易中毒，这很多人都知道。但即使在室外，如果车内空调系统开在“内循环”状态，时间长了也可能造成缺氧。

开车的过程中不要让孩子打开天窗探出脑袋。

告诉孩子如何从车内打开车门，以防万一孩子被独自留在车内时能够打开车门。

告诉孩子过马路的正确方法。

如果孩子年龄较小，要确保孩子在上学和放学路上有人陪同。

对于自己走路上学的学生，父母应提醒他们走人行道。如果乘坐公共汽车，车上没有其他乘客或乘客很少，要尽量坐在靠近司机和售票员的位置。乘坐地铁时要和其他乘客坐在一起。如有可能，尽量坐靠近站台出口的车厢，坐靠近车门的位置。

5. 一些电话号码要牢记

让孩子记住以下电话号码：

火警电话 119

匪警电话 110

救护车电话 120

父母的电话号码

一两位亲戚或是朋友的电话号码

万一父母都出了事，可以向这些人和机构寻求帮助。

让孩子学会打电话

打求助电话要说清楚事件发生的地点、发生了什么事。如果可能，要在路边等候救援的人（车）。父母可以与孩子玩打电话的游戏，向孩子展示正确的打求救电话的方法。同时要告诉孩子，这些特殊的电话与生命息息相关，平时不能打着玩。

在孩子的身上放一张安全卡片

安全卡片上面可以标注如下内容：

孩子的血型，孩子过敏的药物。

以便万一孩子出了问题，给救治者提供重要的信息，争取时间和救治的成功率。

听，父母应当这样想

1. 生命比财产重要

有时，孩子会担心被坏人抢去财产后回家挨打受骂，因此当有人抢自己的物品时会拼命反抗。父母应告诉孩子，生命安全比一切物品都重要。为了保护自己，可以打破玻璃、破坏家具。古代司马光砸缸的故事大家都很熟悉，一方面体现出了司马光在紧急情况下的机智，一方面这个故事告诉孩子：当遇到危险的时候，可以对一些财物实施破坏，保住生命最重要。

2. 生命比贞节重要

这方面的问题在孩子人际伤害方面表现比较明显。如果孩子被性侵，父母一定要有正确的认识，孩子没有错，不要觉得很丢人。父母如果为此感到自卑，会让孩子也觉得自卑。父母不正确的观念会给孩子造成第二次伤害，甚至会要了孩子的命。其次，要对孩子进行心理干预和辅导，不断地告诉孩子这不是她的错，更不能去批评她。有些父母觉得孩子已经受到伤害，再也不提那件事了，以免刺激孩子，时间长了孩子就会忘了。这种想法是错误的。这个时候如果不对孩子进行心理干预，伤害会一直潜伏在孩子的记忆中，也许会影响她今后的婚姻生活。

父母要告诉孩子，不幸遇到性侵害时，要做的是尽一切可能保存生命。

很多父母有一种错误的认识，以为男孩子不用担心被性侵的问题。其实，在现实生活中已经出现越来越多的男孩被性侵的例子。所以，父母对于男孩的身体也要保持足够的警醒。

3. 做孩子值得依赖的人

父母要向孩子保证，无论发生什么事情，只要孩子向父母讲明真情，父母都不会怪罪，而且会尽力帮助孩子。

14 岁的初二学生亮亮（化名）在学校经常遭到高年级的“坏孩子”索要钱物，稍有不从便会招来一顿暴打。在又一次被威胁交出 50 元钱后，亮亮不敢向家人张口要钱，也不愿向老师求助，担心到学校后会再遭殴打，他怀着忐忑的心情在家度过了周末。2010 年 5 月 9 日（周日）晚，不堪压力的孩子最终选择了喝下剧毒农药百草枯自杀的方式去逃避。亮亮的妈妈说，亮亮自杀前，从未对家人提起过自己的遭遇。对此，亮亮的解释是“父母知道我把零花钱都给了别人肯定会责怪我，我不敢向他们说”。

父母要告诉孩子，在这个世界上，父母是最爱他的人。如果出现了什么问题，一定要告诉父母。不论是什么问题，父母都会与他一起面对。

4. 自我保护的能力需要训练

在懂得应该如何做与会做之间是有很长一段距离的。比如父母告诉孩子不许给陌生人开门，孩子也答应了，但是很多孩子都让陌生人进了家门，有的还会把他们当客人招待，给他们拿吃的喝的。在美国北卡罗来纳州，政府教育部门特别为儿童制作了一辑主题为“不要开门”的专题节目。一位男性工作人员乔装成送货员，带着一大堆礼物与五彩缤纷的气球，到一些父母不在家、孩子“独守空房”的家庭造访（事先已得到父母的同意）。结果显示，半数孩子表现良好，对“送货员”的百般诱惑，要么不予理睬，要么隔着门应答。但是，另有半数的孩子不但引“狼”入室，还以小主人公的姿态，带“送货员”逐个房间参观。

所以，父母在对孩子进行自我保护教育的时候，不能只是告诉孩子不能怎样，要尽可能地模拟一些场景，与孩子一起练习。

儿童安全教育涉及面很广，可以说儿童生活的每个空间、每个时间段都有发生事故的可能。本书不可能穷尽所有，只是告诉父母一些基本的原则，选取一些典型事例，父母在这个基础上可以进一步完善。

现在，请您与孩子一起制作一份自家的安全手册吧。这个过程一定要让孩子参与，可以结合自己家的实际情况，对一些安全问题加以讨论。如果孩子要自己上学、放学，交通安全及人际安全方面的知识要多学；如果是南方农村家庭，水塘比较多，关于游泳安全方面的知识要多学；如果孩子经常有独自在家的机会，居家安全方面的知识要多学，等等。手册不用一下子制作出来，可以针对孩子生活中出现的新变化，比如要自己坐车上学、使用微波炉热饭等，每个月增加一次内容。总之，要在问题出现前把这方面的内容在手册中体现出来。